我们来学曲棍球

［德］凯特琳·巴特　卢兹·诺曼 著

阮佳闻 译

中国曲棍球协会 审定

人民体育出版社

图书在版编目(CIP)数据

我们来学曲棍球 /(德)巴特，(德)诺曼著；阮佳闻译. -北京：人民体育出版社，2014
ISBN 978-7-5009-4589-5

Ⅰ.①我… Ⅱ.①巴… ②诺… ③阮… Ⅲ.①曲棍球运动-基本知识 Ⅳ.①G849.1

中国版本图书馆 CIP 数据核字(2014)第 012394 号

版权声明

书名：Learning Field Hockey
作者：Barth / Nordmann
Copyright：©2005 by MEYER & MEYER
图字：01—2014—3919
本书中文版由德国 MEYER & MEYER 出版公司授权出版

*

人民体育出版社出版发行
三河兴达印务有限公司印刷
新 华 书 店 经 销

*

787×960　16开本　9.5印张　60千字
2014年8月第1版　2014年8月第1次印刷
印数：1—3,000 册

*

ISBN 978-7-5009-4589-5
定价：25.00元

社址：北京市东城区体育馆路8号（天坛公园东门）
电话：67151482（发行部）　邮编：100061
传真：67151483　邮购：67118491
网址：www.sportspublish.com
（购买本社图书，如遇有缺损页可与发行部联系）

_____给了我这本书。

在这里你可以

贴上自己的照片。

我的姓名：_____

我的生日：_____

我的地址：_____

_____

目 录

1 **致亲爱的曲棍球初学者**··（ 5 ）
  笔者传授秘诀，由大象Elo进行介绍

2 **曲棍球的起源**··（ 11 ）
  关于真实曲棍球历史的有趣故事，冠军列表，象形图

3 **你好，蒂姆·韦斯！**··（ 19 ）
  访谈参加过曲棍球欧锦赛和世界锦标赛的德国曲棍球队顶尖球员，
  粉丝问答

4 **不劳则无获**···（ 25 ）
  成功离不开勤学苦练，对运动、目标、动机所持有的正确态度，
  身体健康

5 **曲棍球装备**···（ 33 ）
  曲棍球球棍，曲棍球用球，曲棍球服装，曲棍球护具，曲棍球
  守门员护具，物品清单，曲棍球场地

6 **曲棍球球感**···（ 47 ）
  什么是曲棍球球感？
  为了培养曲棍球球感而进行的训练

7 **控球、传球、停球**···（ 53 ）
  打球姿势，曲棍球球棍的握法，控球，传球，接球，左右运球，
  防守，动作解析，练习，错误图示

8 遵守规则 ·· （99）
    曲棍球比赛正式规则，公正第一，裁判

9 开始打球吧！ ·· （109）
    与朋友一起玩曲棍球，比赛构思

10 身体健康 ·· （117）
    均衡的营养，健康的生活方式，热身练习

11 参加曲棍球俱乐部 ·································· （125）
    我该怎样找到曲棍球俱乐部又该如何报名参加呢？

12 参考答案 ·· （131）
    谜语解答，脑筋急转弯和错误图示

13 我们聊一聊 ·· （135）
    亲爱的家长们以及曲棍球教练们，笔者就怎样鼓励我们年轻的曲棍球球员和如何参考这本书传授一些秘诀

照片和插图信息 ·· （146）

关于本书作者 ·· （147）

请注意：

    本书中，笔者对于训练和实用型建议的选择和检查均十分谨慎。不过，如若发生与本书所含内容相关的意外或损伤，笔者概不负责。

亲爱的曲棍球初学者们，大家好！我是对曲棍球无所不晓的大象Elo！我可没有夸张，因为我的象鼻子就是最好的曲棍球棍！我不仅可以用它来击球、控球，还能展开他人所无法比拟的防守！

在这本书里，我会一直陪伴着你了解曲棍球的方方面面，相信我们会一起学得很开心的！

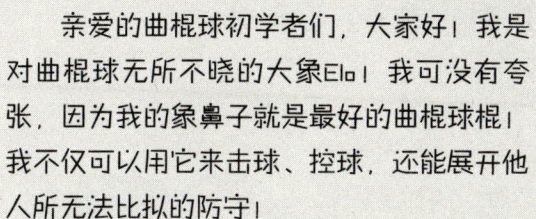

在书里，你会频频见到大象Elo的图片。

相当棘手啊！有时候，Elo会给你指派任务或者提问题——在这个问号图案旁。答案和解决方法在书的最后。

这里，大象Elo会给你一些提示和有用的建议，这样你就可以做得更好啦。

在这一类图示的旁边，你会看到除了常规训练项目之外，自己可以进行的一些练习内容。或许你的朋友、父母或者兄弟姐妹也会参加到你额外附加的训练中。

如果你看到Elo卷起铅笔的图示，那么这里就有需要你记录、填空或涂色的内容。

你可以把这本曲棍球的书当作训练日记使用，在里面记录自己的进展和目标。

当你已经积累了打曲棍球的一定经验之后，再回过头来看自己初学时的记录，一定会非常有感触。如果你愿意，还可以在书中加上你自己和所在球队的照片，或者是收集曲棍球名人签名。

在一些重要技巧和特殊练习的旁边，你会看到一个空白的曲棍球图案。一旦你掌握了这项技巧或者已经完成了所推荐的练习，你就可以在球上涂上喜欢的颜色作为对自己的奖励。

想尝试的话，你现在就可以马上为这第一个球涂色！

我们是有趣的浅色练习小人，会向你演示如何一个人或者和朋友们一起进行某项训练。

一旦你已经尝试了某项训练，就可以给空白球涂上颜色了。

我是黑色错误小人。我会故意犯一些错误——当然为了帮助你！看你是否能够指出所有的错误。如果你不确定，就翻到答案页查询。

Elo喜欢玩球类游戏,但他无法决定选择哪一项球类运动。在下面这张图里,你可以认出哪几项运动呢?

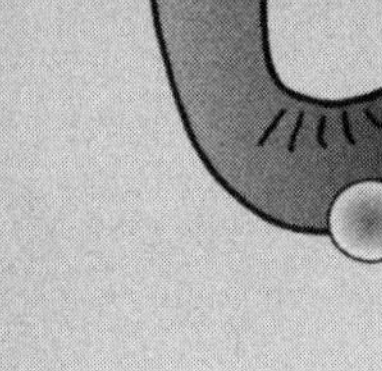

你还知道其他的一些球类运动吗?在这里写下来吧!

_____

_____

1. 致亲爱的曲棍球初学者

或许你是那些痴迷于球类运动的孩子之一，只要看到球就会脚痒，立马不由自主地想追上去玩球或者把球打进球门。对你而言，无论是小巧的弹性球，还是彩色的橡胶球或者网球，都是简单的乐趣所在！

但是如果旁边还有其他的小朋友，你们不仅可以互相传球，还可以组织比赛、制定规则，并一起争夺胜利的话，那会更加有趣。

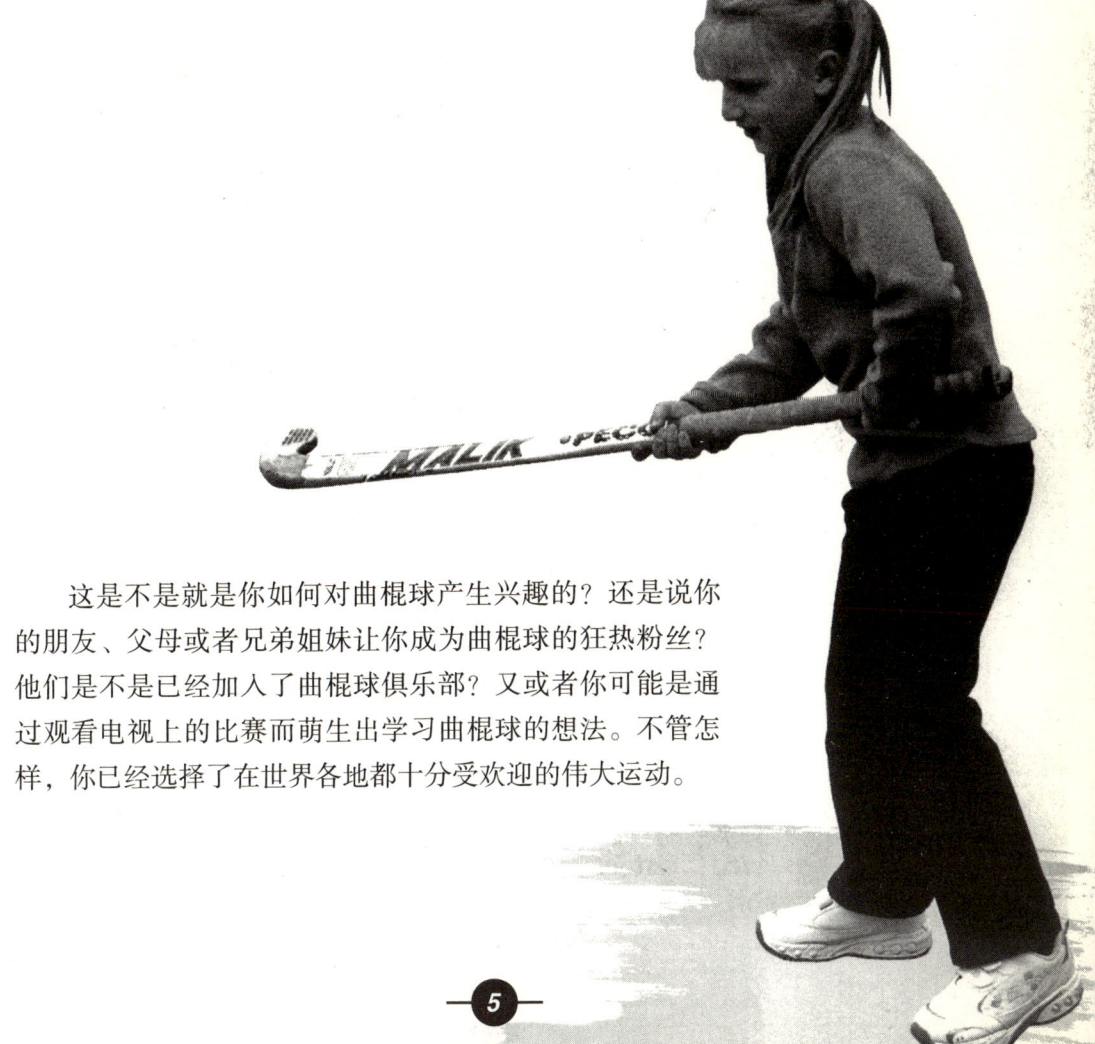

这是不是就是你如何对曲棍球产生兴趣的？还是说你的朋友、父母或者兄弟姐妹让你成为曲棍球的狂热粉丝？他们是不是已经加入了曲棍球俱乐部？又或者你可能是通过观看电视上的比赛而萌生出学习曲棍球的想法。不管怎样，你已经选择了在世界各地都十分受欢迎的伟大运动。

这里列举了一些孩子们喜欢打曲棍球的原因。哪些是你的原因呢？请勾选"是"与"否"。

	是	否
我喜欢东奔西跑和运动。	☐	☐
我喜欢和别的小朋友在一起。	☐	☐
我想在某支球队里打球。	☐	☐
我参与运动非常积极。	☐	☐
我跑得很快，所以也许十分适合打曲棍球。	☐	☐
我球感很好。	☐	☐
我可以很好地操作球杆。	☐	☐
我喜爱观看曲棍球比赛。	☐	☐
我的朋友们也打曲棍球。	☐	☐
我想要打得比别人好。	☐	☐
我想要成为国家最佳曲棍球球员之一。	☐	☐
我想有朝一日成名。	☐	☐

上述原因如果你大多数都勾选了"是"，那么你就选对了书。

很多男孩、女孩在俱乐部里学习打曲棍球。他们定期训练、加入球队打球并和其他队比赛。但是未必一定要加入俱乐部才能打曲棍球。只要有一个球、一根球棍、一处开放空地和一些朋友，你就可以开始打球啦！

在这本书中，我们列举了一些大家关心的曲棍球内容。除了阐述最重要的打球技巧之外，我们还会解释如何练习这些技术，并提醒大家哪些错误需要避免。从中你将会得到非常多的关于单独打球以及跟朋友一起训练的建议。同时，书中还包含了大量可供尝试的比赛想法。当然了，任何和你一样喜欢曲棍球的人——你的爸爸妈妈、爷爷奶奶、兄弟姐妹或其他任何人，都可以参与到训练中。

兴许有一天，你会跻身国家队一线球员或者著名球队的最佳球员之列。不过，即使曲棍球只是户外或者室内的一项消遣运动，你还是会从中受益匪浅。

我们来学曲棍球

你最想和谁一块打曲棍球呢？在这里写上他们的名字或者贴上收集的签名。

从这本书里你会学会如何与别人一起打球,如何成为一支球队的一员并发挥出自己的作用。你会碰上许多有趣的人,进而成为庞大"曲棍球家族"中的一分子。你会学会竞争,你的意志力会得到锻炼。不过,你也不会一直是那个风光的赢家。你还会学到如何应对比赛失败、错失进球、传出坏球或是没有接好球等不利状况。很快你会意识到,定期打曲棍球会让你的耐力更好,行动更敏捷,力量更大,身体更加健康和强壮。

这本书是你学习曲棍球的好伙伴。我们讲述的内容偶尔可能与你的指导、教练或者某个资深球员教授的有出入,欢迎随时提出疑问。因为有时候关于曲棍球的观念也会存在差异。

祝你打曲棍球快乐!

——笔者和大象Elo

Elo的曾曾曾祖父正与镜子中他自己的影像打曲棍球。但是右边的图像中出现了十处与左边图像不同的地方。你可以找到它们吗？

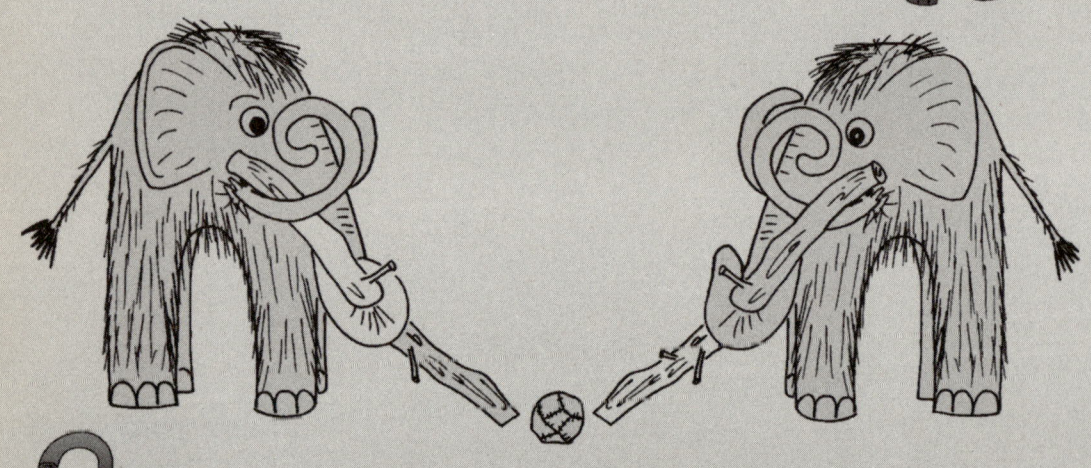

大象的祖先被称为什么呢？请写出下列物品的首字母，写完你就会知道答案了。

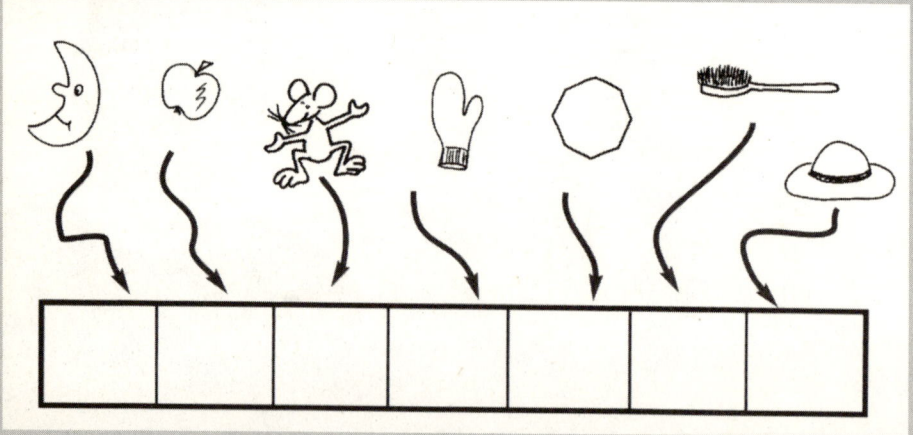

2. 曲棍球的起源

　　毋容置疑，球类从来都是人们喜爱的运动和消遣玩具。但事实上，没有人知道球类运动的真正起源。唯一可以确定的是，球类起源于很早很早以前，那个时候还没有录像、照片，甚至连书籍都没有。不过，研究人员在古时的洞穴壁画上发现有描绘人们玩耍球状物的情景。

　　那是极其滑稽的打球方式，有的用手，有的用头，还有的用脚。石器时代的人们把长杆作为球棍，印第安人则有一种用屁股来传接球的游戏。

　　那些古时候野蛮的球类游戏而今已经演变成为各项现代运动。你已经发现了这些运动项目并将其中的一些列举在了第4页。

你知道吗……

曲棍球大概是人们所知道的最古老的包含球和球棍的运动。

在非洲发现的一幅墓葬壁画上描绘着曲棍球一类的运动。年代可以追溯到大约6000年前。

古时的中国人、波斯人和阿兹特克人有用球和球棍进行的运动。

在过去，美洲印第安人一支球队的球员有50人之多。进球最多的球员可以获得礼物。同时，比赛也不仅仅是为了进球，还为了打倒对手以致伤残。

大约800多年前,法国有一种运动叫"Hoquet",之后英语中的曲棍球"Hockey"一词可能正是来源于此。

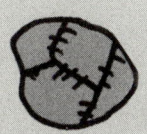

过去在苏格兰、爱尔兰或威尔士,这项运动的球门往往只是一个洞、一个圆圈或者是一条线。

根据旧时的规则,球员允许在空中击球。因此,偶尔球员也会被球击中。

现代曲棍球大约是200年前从英国发展起来的。那里创办了第一家曲棍球俱乐部。

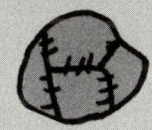

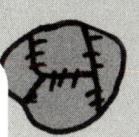

从上世纪70年代开始,曲棍球比赛在人造草皮上进行。

第一届室内曲棍球世界锦标赛于2003年在德国城市莱比锡举行。

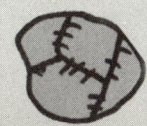

前两页上总共有多少个老式曲棍球？在你翻过去数之前先猜一下。写下猜测的数字后再正式开始数。

请写下你猜测的数字：☐

请写下你数到的数字：☐

曲棍球是一项团队运动

在曲棍球比赛中,一般由两支队伍互相竞争,争取进球获胜。因此,逐渐形成了固定的球队、俱乐部和锦标赛。

你所在的曲棍球俱乐部叫什么名字?

_____

你可以在这里贴上或者画上你所在俱乐部的标志。

请写下你所在国家的国家曲棍球协会名称:

_____

请在这里放上你所在曲棍球协会的标志。

全国锦标赛

全国曲棍球锦标赛分为男子组和女子组。冠军将在赛季末产生。

年份	全国男子曲棍球锦标赛冠军

年份	全国女子曲棍球锦标赛冠军

在这里你可以记录全国曲棍球锦标赛的冠军。就从本年度开始记下最新的数据。左边一栏写年份,右边一栏写球队。

象形图示

或许你在电视、报纸、标签以及海报上看到过图画或者符号形式的各项运动,它们被称为象形图示。虽然画得很简单,但是人们一眼就能看出图示所代表的运动。艺术家们为大型比赛或者赛事不断设计新的图示。

这是一幅曲棍球的象形图示。

你会怎样用简单的线条来表现曲棍球呢?你就在这里把自己的想法画出来吧!

你今天笑过了吗？

　　一头大象正和一只老鼠打曲棍球。大象不小心踩在了老鼠的脚上。"噢哟，真对不起呀。"大象说道。"没有关系，"老鼠回答，"这也有可能发生在我身上！"

　　一头大象和一只老鼠在炎炎烈日下一起走着。大象走在老鼠的前面，好让老鼠能走在它的影子里。终于大象开口了："你已经在我的影子里走了很久了，现在该轮到我在你的影子里走啦！"

　　一只老鼠坐在露天看台上看曲棍球比赛。突然，一头大象走过来坐在它的正前方。老鼠叫道："我现在看不见啦！"大象没有理它。老鼠又叫了一次："我看不到啦！"大象依旧没有反应。老鼠气呼呼地站起来坐到大象的前面："现在让你也尝尝有人坐在你正前面看球赛的糟糕感觉！"

　　一头大象正在湖里欢快地游泳。一只老鼠走了过来，对它说："快点！从水里出来！"大象不想出来，还是继续在那儿游泳。老鼠激动地又喊了一次："请你出来！这很重要！"于是，大象只好从水里起来。老鼠说："好啦！你可以回到水里去了。我只是想确认你穿了泳裤。"

3. 你好，蒂姆·韦斯！

蒂姆·韦斯
1982年7月2日出生于德国默尔斯。
德国国家曲棍球队队员，获得过欧洲锦标赛和世界锦标赛的冠军，以及2004年雅典奥运会铜牌。

你好，蒂姆·韦斯！你觉得曲棍球的伟大之处在哪里呢？

曲棍球是一项吸引人的快速运动。不论老少，几乎人人都能打曲棍球。它非常有趣，既是娱乐活动也是表演类体育项目。你并不需要块头很大或者很强壮、速度很快，因为每个球员都可以通过技巧和过硬的技术来弥补。

是什么让曲棍球如此特别？

俱乐部的曲棍球球员是一个大家庭中的一分子。他们一起训练，每个人都可以是球队一员，你可以很快交到朋友并且融入到一个大团体中。

你是如何开始打曲棍球的？

我第一次拿起曲棍球球棍是在我父母的朋友家里，那一年我6岁。后来到了学校，我加入了校曲棍球队，接着又参加了家乡的曲棍球俱乐部。与此同时，我足球也踢得相当不错，因此在很长一段时间内我在曲棍球和足球之中无法抉择。但很快我在曲棍球方面变得更加成功，所以最后我就决定继续打曲棍球了。

你会不会偶尔不想训练？

我想每个人都会有这样的时候。但是我有一个能让自己很快重新振作的目标。我想为我所在的球队打球并得分，为此我必须好好训练。能参加奥运会真的非常棒，也让我付出的所有努力得到了回报。

现在你已经是欧锦赛、世锦赛冠军和2004年雅典奥运会的铜牌得主，为什么还要继续打球呢？

有时候我也会问自己这个问题。但我渴望更多的挑战和新的比赛。我最大的愿望是参加2008年奥运会，使我们的球队更加强大并一起迈向成功。（译者注：蒂姆·韦斯已经实现了他这个"最大的愿望"了——作为队长，蒂姆·韦斯带领德国队获得了2008年北京奥运会的金牌。更厉害的是，他还获得了2012年伦敦奥运会的金牌。）

但是比赛名次并不是最重要的。我喜欢打曲棍球，队友和对手中有很多都是我的朋友。而且更棒的是，我们会经常到别的国家去参加国际赛事和锦标赛，这样一来我可以见识到更广阔的天地。

曲棍球对你来说意味着什么？

我享受成功，当艰苦的训练有所回报时我感到很欣慰。从运动中获得的这种持久的力量也支持着我进行学业。另外，一旦碰到问题我的好朋友们都会帮助我，我可以完完全全信赖他们。

不过对于生命而言运动并不是全部。对我来说良好的教育也始终很重要，所以我正在攻读MBA课程。你不能靠曲棍球谋生，所以获得好的教育和工作至关重要。

一个年轻曲棍球球员必须要有哪些素质？

你当然得对曲棍球和球棍有很好的感觉。不过耐力、灵活性和好的技巧也不容忽视。

你对年轻运动员有什么建议吗？

认真对待训练，但是不要过于执着。

我该怎样得到你的亲笔签名？

你可以从德国曲棍球协会那里拿到我的签名。

非常感谢你接受采访，祝你好运！

我们来学曲棍球

"冲,冲啊!啊哈!"

"蒂姆!来吧,射门!"

粉丝专页

我最喜爱的球员：

_____

_____

_____

照片

我最喜爱的球队：

_____

_____

这里你可以收集球员的亲笔签名。

这里你可以贴上你自己和你所在球队的照片。

4. 不劳则无获

你一定想象过成为最棒的球员是怎样的。每个人都向你欢呼，敬畏你、称赞你。那些最有名的俱乐部都希望你能够加入他们的队伍。粉丝们追着你要你的亲笔签名。你的进攻是致命的，但同时你也善于防守。在一对一的对抗中，几乎没有人能够胜过你。你的控球技术和精准的传球都令人惊叹不已。

你的队友、你的教练、你的粉丝、你的朋友和家人都来给你道贺……

不过，停！躺在草丛中做白日梦是远远不够的！

如果你想要成为一名优秀的、甚至比别人更厉害的曲棍球运动员，你必须勤奋苦练。这并不是一件容易的事，也不会一直都充满乐趣。

成功离不开勤奋！

目标

当你开始打曲棍球时,你需要回答下列问题:

1 我的目标是什么?

2 为了达成目标,我需要做什么?

3 我该如何达到目标?

1 我的目标是什么?我为什么要多加练习?

来来回回的玩球是很有趣的。但是很快你会希望自己能够更自信地带球,更好地传球,尤其是进球得分。你的朋友们之所以选你加入他们的队伍是因为你打球水平高而且可靠。也许你最后想要成为著名俱乐部球队中的一员,或是从普通参赛者提高到有资格参加较高级别联赛。被国家曲棍球联盟的教练相中和为顶级俱乐部效力是怎样的呢?当然,说这些你还太年轻。但是,你当下就应该有更宏远的目标。你必须知道自己想要的是什么。如果你没有目标,那么练习将很快会变得乏味。不断给自己设立更高的目标,这也正是那些知名球员的成功秘诀。

你为什么想要学习曲棍球呢?把你的目标写在这里!

为了达成目标，我需要做什么？

显然，你现在要问问自己该怎么提高自己的球技。多多打曲棍球准是没错的！再加上教练指导你要完成的那些训练，包括：增强对球棍和球的感觉方面的必要练习、技术训练以及耐力和力量训练。肯定会有一些你不太愿意做的事，或无聊，或辛苦。但是你务必牢记，正是这些练习会让你今后达成目标。

我该如何达到目标？

如果你坚持通过常规锻炼提高自己会怎么样呢？但凡练习比较简单和轻松时，肌肉的锻炼都只是达到刚刚好的程度。只有当出现费力的情况、动作不再那么简单的时候，肌肉才会变强。所以你得下苦功，给自己的身体一些压力才会进步。如果你有一阵儿没有进行曲棍球练习，那么你会发现自己的情况不如以前，并且有点容易喘气。这个时候你就得加把劲补回来！

你训练得越勤奋越频繁，你的曲棍球就会打得越棒！

身体健康很重要

哦,天哪!Ela怎么了?跟Elo打了一个小时的曲棍球之后,她已经累得几乎站不起来了。你也有过这样的情况吗?你是不是很容易就变得很喘、很快就感觉没有力气了呢?那你就需要提高你的身体状态咯!

一个优秀的曲棍球球员能够做到哪些方面呢?删掉那些不那么重要的事情。如果有我们忽略的其他重要的方面,将它写下来!

演奏长笛　　　　跑得很快　　　　擅长控球
弹跳力佳　　　　滑雪　　　　　　连续运动1小时
观察力敏锐　　　很会说笑话

什么是身体健康?

在打曲棍球的时候,你必须要随时保持机警,能够常常快速地追到球,推球并大力击球。你可以长时间保持这样的状态吗?如果可以,说明你身体很健康。如果不行,那么打曲棍球的乐趣对你来说将是短暂的,而你应该努力改善自己的身体状态。要做到这一点,你首先得定期练习。

你需要的是

对于进行长时间的强体力活动,**耐力**必不可少。只有这样,在跑步、跳跃、骑自行车或游泳的时候,你才不会那么容易就气喘。而且即使你感到费劲,你也能够在短时间内恢复,并且重新适应过来。

要想做到在整场曲棍球比赛中都坚守在自己的位置上或者跑一起来迅如闪电,你得有强健的腿部肌肉。同时,臂膀和手部的**力量**也对确保你能够大力击球、可靠接球和快速传球有着至关重要的作用。

对于一个曲棍球球员来说,能够快速地追到球或者迅捷地从正手转换到反手也很关键。为此,你需要**速度和敏捷性**。

为了能够准确地打到或者停住球,你不得不将腰弯得很低。另外在进行一对一的较量中,你要想巧妙地将球绕过你的对手,也离不开身体的**柔韧性**。

在练习中,你不会仅仅是手中握着球棍追击曲棍球。你的教练会和你一起进行很多其他的球类运动、训练和体操练习。

之所以要参加每一项运动是因为它们都能够帮助你提高自己的身体健康水平。

你该这样进行训练

开始动起来吧!

- 慢跑
- 骑自行车
- 滑滑板
- 游泳
- 打篮球
- 踢足球
- 滑雪
- 徒步

……以及其他很多运动。

快速和敏捷

- **障碍跑**

要设立障碍跑道需要用到杆子、圆锥标志筒和其他的物品。谁能够跑得最快又不出错呢？

- **高和低**

在跑道上放置一排低栏架。运动员首先跳过第一个栏架，匍匐通过第二个栏架后再一次跳过下一个，并以此类推。谁用时最少呢？

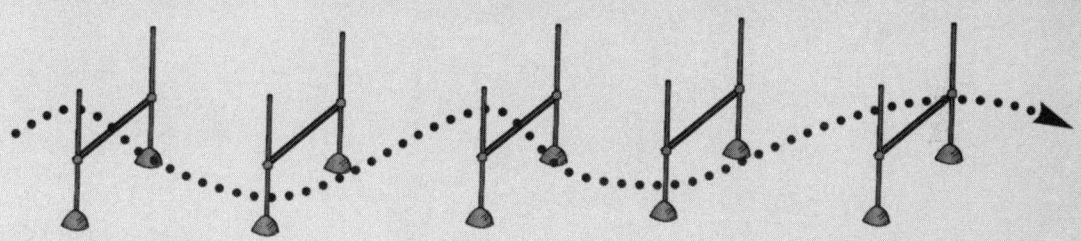

平衡和灵活

- **平衡**

在一道粉笔线或者光线上保持平衡。另外，你也许会在住所周围找到矮墙或是在树林里找到倒下的树，它们也可以帮助你练习平衡。

- **灵活性练习**

许多的运动锻炼都需要灵活性和技巧。试试直排滑轮、滑冰、踩高跷、骑山地车或自行车。你用球玩过花样吗？

除了曲棍球之外，你还喜欢什么运动呢？
请写在这里。

_____

_____

每一个刻苦努力的人都可以偶尔地"胡闹"一下!

5. 曲棍球装备

即使是曲棍球的初学者也想要看上去像一个真正的曲棍球运动员。

但这需要哪些东西呢？

一件俱乐部标志色、背后印有号码和名字的运动衫，配上相应的裤子或裙子以及合适颜色的袜子，这些绝对可以让你看上去像一名曲棍球运动员。

不过，上述那些虽然看上去很不错，但在初学阶段却并非必不可少。打曲棍球的时候，只要舒服并且不会妨碍到打球，你可以随意着装。在室内打曲棍球时，穿带有防滑鞋底的鞋子至关重要。它们可以在你奔跑的时候提供有效的辅助。你还得在袜子里套上护腿板以保护胫骨不会受伤出现青肿。

如果你为俱乐部打球，那么为了比赛球队会发给统一的队服。

天哪!真是一团糟!这一堆里究竟有多少支球棍?

以下只有两支球棍是完全相同的。不是所有的球棍都指向同样的方向,你不管怎样都能找到它们吗?

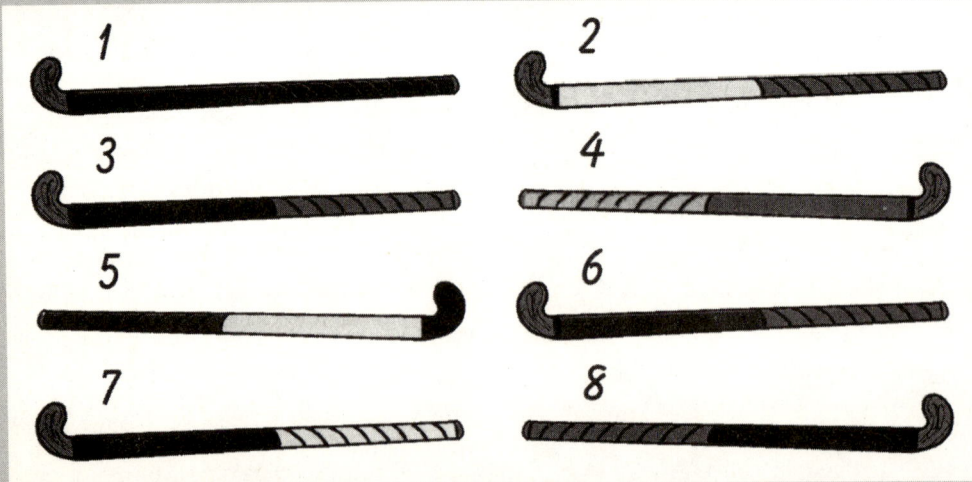

曲棍球球棍

如果你想体验一下打曲棍球，你可以就穿着平时的衣服。球的话也可以用网球或者小的橡皮球。无论在院子里、街上还是运动场上，你都可以打球，要是还想进球得分，只要用两个物件或者是画一条线就可以做出球门来了。

但有一样东西你是不能替代的：那就是曲棍球球棍！一根直棍或直棒都不行，因为曲棍球球棍独特的形制对于比赛来说非常重要。

曲棍球球棍长什么样？

曲棍球球棍由木头或是塑料制成。学校体育活动或者初学者练习所用的球棍都比较简单。但也有针对个别球员专门定制的球棍，这些球棍价格不菲，十分贵重。

每支球棍由以下几部分组成：

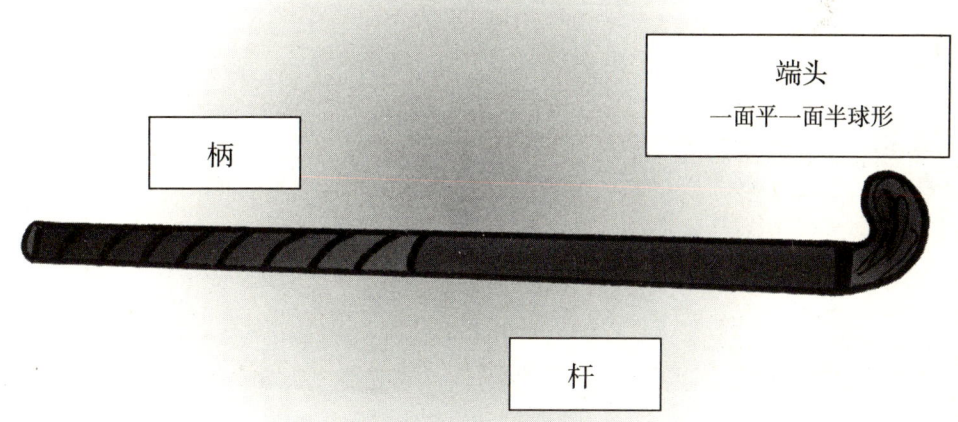

柄

端头
一面平一面半球形

杆

许多球员在说曲棍球球棍时会用其他名称。虽然也正确，但是这本书中我们只选一种，即曲棍球球棍。你和你的教练则可以自行选择如何称呼球棍。

形状，尺寸和重量

曲棍球棍一般可达40英寸（1米左右）长。当然，针对身材略矮小的球员或是孩子有相对比较短的球棍。球棍的重量也从17到24盎司（482～680克）各不相同。在规则中，对球棍尺寸和重量的限定都有详细说明。

曲棍球球棍的用法

球棍是用来打曲棍球的——带球、接球、传球，特别是射门进球。曲棍球只能用球棍平的一面击打，所以那一面必须时时对着球。

当然，球棍绝对不能用来击退或者打倒对手。

曲棍球用球

没有球的曲棍球比赛会是什么样呢？——简直不敢想象！所有的运动员追着这个小小的曲棍球并千方百计想要把它送入对方的球门中去。

曲棍球的材质和尺寸

曲棍球由白色或者彩色的合成材料制成。它们的周长约9英寸（23厘米左右），重量则从5.5到5.75盎司（156~163克）不等。

曲棍球的用法

运动员用球棍打、推、撞、击或是拨曲棍球。甚至在地上或空中可以简单地用球棍来接下球。

但是你不能将球打或弹到危险的高度。你也不能削球使其不规律地飞到空中。你不能用手带球、抛球和持球，也不能用脚去停球或者踢球。

曲棍球服装

你应该身着舒服、实用的衣服打曲棍球。根据天气情况来决定穿长裤还是短裤或裙子。球鞋在合脚的同时，要能够为快速的冲刺和运球提供有力的支持。球队有比赛用的队服。队服包括背后印有号码的运动衫，男孩的短裤，女孩的裙子和与之相配的袜子。

曲棍球护具

作为一项公平的运动，打曲棍球要遵循一定的规则。裁判的职责在于确保运动员遵守比赛规则。很多球员尤其青睐曲棍球几乎没有身体接触这一点，更确切地说是只用球棍来打球。

即便如此，那些奇怪偏离的球和球棍会正好挡在你前进路线上，结果就会带来疼痛。这也是曲棍球球员需要佩戴特殊护具的原因。你还年轻，在接下来很长的时间里都需要完好无缺的牙齿，所以用护齿套来保护它们。由于球棍和低空飞行的球，你的胫骨始终位于危险区域，因而在你的袜子里面还需要戴上护腿板。打室内曲棍球的时候，运动员还会在左手套上关节保护罩。

曲棍球守门员护具

守门员的位置很关键。他一定要保证球门"干净",即不让对方进球。要做到这一点,他不但要始终保持警觉,反应要迅速,尤其还不能惧怕球。

不怕球当然不是一直那么容易。曲棍球很硬,而且有时候抵达球门的时候速度非常快。在这种情况下,守门员必须用球棍和自己的身体去挡下球。为此他必须穿上守门员的特制护具,这种护具既要对他起到保护作用,也要能够允许他自如地行动。

护具包括:
- 带有面罩和护喉的头盔
- 护胸
- 守门员球裤
- 守门员护腿
- 守门员护脚
- 握球棍的手套和接球的手套

所有的东西都收拾妥当了吗？

你因为即将赴外地参加比赛而格外兴奋。你为此刻苦练习，而队伍的阵容也已确定。

但试想一下，如果你抵达比赛地点后打开运动包……鞋子哪去了？你把自己最棒最合脚的运动鞋落在了家里——简直遥不可及！你竟然完完全全地忘了！你没法向其他人借鞋子，而且就算借到了也不合脚。

如今，不能上场打球不单单会使你感到恼火，对你的球队也带来了很大的麻烦。

你当然可以在父母的帮助下整理行李，但每个运动员都应该对自己完备和整洁的曲棍球装备负责！

物品清单

许多运动员对那种参加重要球赛或锦标赛时丢三落四的焦虑情绪深有体会。这种情况下，提前准备好所有的事情显得尤为重要。在前一个晚上就整理好运动包，这样你就可以睡个安稳觉了。

对于不少运动员而言，列一张物品清单不失为一个有效的办法。你把所有需要携带的东西都记下来。已经装进包的物品则从清单上划去。划的时候要用铅笔，这样你下一次需要整理行李的时候还能够继续在这张清单上划。

你的运动包里还要装上这些东西。我们有遗忘什么吗？在这里把它画出来或者写下来吧！

当作零食的水果。
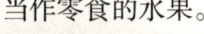

水或是果汁。

洗浴用品。

天冷的时候，要是流过汗后或是洗完澡，一定要戴上帽子。

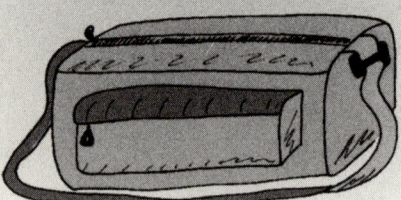

你的幸运护身符。

有时候，几颗糖的作用也不容小觑。

曲棍球运动员需要保持肌肉处于兴奋状态。所以他们在赛前和休息时为了保证身体不变冷往往穿着热身服装。

我的物品清单

- ☐ 运动衫
- ☐ 短裤/裙子
- ☐ 袜子
- ☐ 护腿板
- ☐ 运动鞋
- ☐ 曲棍球球棍
- ☐ 洗浴用品
- ☐ _____
- ☐ _____
- ☐ _____
- ☐ _____

在横线上写下其他你必须记得携带的物品。

曲棍球场地

要找到适合打曲棍球的场地很容易。
合适的场所包括：

- 学校体育馆
- 学校操场
- 运动场
- 长满绿草的后院
- 曲棍球专用场地

场地表面可以是：

- 镶木地板
- 沥青或硬地球场
- 草地
- 保养得很好的人工草坪

也许你们会是两个人进攻一个球门，或是两支队伍进攻一个球门，甚至是像正式的曲棍球比赛那样：有两支球队和两个球门。

曲棍球知识小测验

在每个问题下,我们列出了四个可能的答案。但是其中只有一个答案是正确的,你能答对吗?

1 曲棍球球棍的别称是什么?

A. 棍棒　　　　　　B. 曲棍球棒

C. 铁锤　　　　　　D. 俱乐部

2 球员们将他们的护腿板称之为:

A. 长袜　　　　　　B. 屏障

C. 长筒靴　　　　　D. 防护罩

3 除了曲棍球球场之外,运动员还能在哪打曲棍球?

A. 体育馆里　　　　B. 森林里

C. 海滩上　　　　　D. 室内泳池边

4 什么是"顶端"?

A. 严重犯规　　　　B. 狂热的观众

C. 球棍的一部分　　D. 一场失败

6. 曲棍球球感

什么是曲棍球球感?

是指曲棍球在空中又高又快地运动所感受到的愉悦之情吗?

还是指曲棍球被球棍很用力击打时所产生的疼痛?

又或是指球员对自己球棍和球的感觉?

对于曲棍球的球棍和球的感觉指的是一个球员用球棍操控球的灵活程度。他要感觉球是如何滚动的、自己去推或者击打球得用多大的力气,以及该如何停住球。一个优秀的曲棍球运动员必须得有以上的球感。

好多支球棍,球只有一个!在球场上控球最好的运动员就是胜利者!

你必须在比赛中控制住曲棍球。你接到队友打过来的球并且敏捷地把它继续传走。接着你绕过对手,将球带到他够不着的地方并直射球门。对于球来说,你就是老大,你说什么就是什么!

同时,你还要能够迅速做出反应。在打曲棍球时,运动员没法在思考下一步该如何时还紧握着球或是抓住球不放。他必须很快做出决定并以迅雷不及掩耳之势做出反应动作。要完成这一点就离不开拥有好的球感。你只有通过大量的练习才能够培养出对球棍和球的球感。

即使是最出色的球员也一直坚持进行曲棍球训练。如果你能每天都为此挤出一些时间就再好不过了。接下来,你会看到关于曲棍球训练的内容。

玩得开心!

为了培养曲棍球球感而进行的训练

你该如何训练？

无论是站着、坐在地上还是坐在椅子上，你都可以拿起球练习。

你可以在哪里训练？

训练时并不需要很大的空间。你可以在户外的公园、自家后院练习，在不影响他人的情况下，你甚至可以在室内训练。不过你要小心，不要打破任何东西。

你训练时需要些什么？

球棍和曲棍球就是你的玩具。当然，你可以尝试各式各样的球棍，甚至用网球或是一个小小的橡皮球来当你的训练用球。

在训练时，你要保持多快的速度？

应该以一定的速度控球。但这并不是马上就可以达到的状态。你得先从慢速练习开始，之后再每次一点一点地加快速度。这样，你就能够慢慢地展开准确而快速的训练了。

我甚至可以在看电视或是听音乐的时候进行练习！

你可以采用的训练方式

在这两页上,你会看到一些针对培养球棍和曲棍球球感的训练。只要保证不破坏任何东西、不影响到任何人,练习场地并不受限。

1 玩花样

- 用球棍平坦的一面颠球。你能在球落地之前颠多少次?谁保持的时间最长?
- 用球棍平坦的一面颠球。你可以走多远而保持球不落地?谁走的距离最远?
- 用球棍边缘颠球。

- 一旦熟能生巧,你可以尝试将球打得高一些(几英寸甚至再高一些)再用球棍接住它。

2 传球

- 两名球员相隔一段距离面对面站着。现在进行来回的传球练习。
- 在将球传回对方之前,球员先自己上下颠几次球。

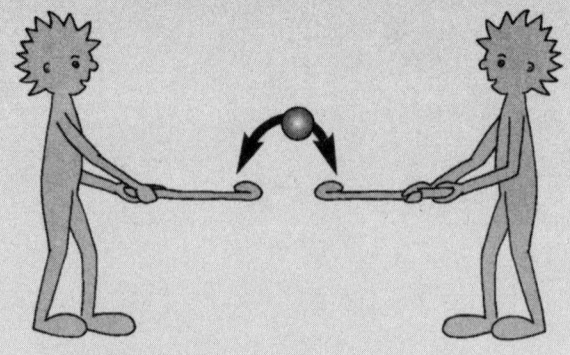

3 翻转球棍

通过翻转球棍在正手和反手之间切换。在第 58 页我们会对此做出进一步详细的解说。你左手翻转球棍，右手则借力提供支撑。

- 在身体前方练习切换球棍，使球棍从右向左翻转轻触球。

- 像障碍滑雪赛一般运球绕过一些障碍物。

4 击球射门

在不同的距离设置不同形状的球门。现在开始试着击中所有的球门。谁得分最高？研究一下通过哪些技巧可以让球飞得更高或是精确击中目标。

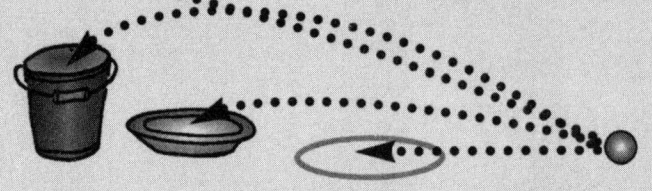

一旦你进行了一项训练，并且多次练习，你就可以为相应的球涂上颜色。

记下你一周训练多少次。

上一栏用来记录星期几,你每进行一次练习就在下一栏中画上横线。

星期							
次数	正一						

哦,不!我的手臂怎么了?难道是我训练太频繁?

7. 控球、传球、停球

打曲棍球时，有什么比射门更刺激？有时候，射门只需要你的轻轻一击或是一次大力猛击。你可以灵活地运球绕过对手并将守门员引至错误的方向。观众们沸腾了！

也许你令其他队伍闻风丧胆，因为你每次一对一的较量都能胜出，而且可以接住大力击出的球，你不但能可靠地接到传球，还总能准确无误地将球传给队友。

所有的这些成功与你勤奋的训练密不可分。针对每一种情况都有相应的需要反复练习的专门技巧。你既要知道球棍、自己身体和脚的确切位置，也得清楚如何展开动作。

在接下来的几页中，我们会阐述曲棍球初学者一些最重要的动作。

以下哪名球员正将球传给另一名队友？

要成为一名优秀曲棍球球员需要具备哪些因素

要想打一场尽兴的比赛,曲棍球初学者一定要擅长操纵球棍并且能够处理一些基本的情况。

这就包括:

我们会在本书中向你描述打曲棍球的基本技术。我们会告诉你这些技术是什么样子的,哪些是你需要注意的方面,如何进行训练以及可能出现哪些错误。

如果你的教练或是另外一名经验丰富的球员向你示范技术,而你又可以与团队一起训练的话,这样学习的效果最好。不过要是在家的话你就可以在闲暇时看看这本书上的插图和描述。许多练习你可以单独进行,或是和父母、兄弟姐妹、朋友一起做。但千万要确保进行的不是任何错误的练习!因此这些展示错误的图片可以帮助你辨认出错误从而避免并纠正它们。

身体姿势

长久以来,人们在打曲棍球时形成了一种特定的身体姿势。通过这种姿势,球员们可以最快地奔跑、最好地控球和最可靠地传球。

准备姿势

这是球员在比赛中没有追击曲棍球时所采取的姿势。在该状态下,他正准备随时冲向球或是接住传球。

以下是你需要注意的几点:

- 身体直立。
- 双脚分开,约与髋部同宽。
- 双手握住球棍并水平持于身前。
- 密切注意赛况。

打球姿势

这是球员在带球移动、接球或传球时所保持的姿势。

以下是你需要注意的几点：

- 放低身体的位置。
- 左手置于曲棍球球棍的末端。
- 右手放在球棍距左手下方几掌宽的位置。
- 眼睛不能只盯着曲棍球，要随时注意比赛的进程，找到可以传球的队友或是一块空地，又或是一个射门的机会。

左手握住球棍并负责进行球棍的翻转。右手则操纵球棍并使之平稳。

球棍的握法

球棍是打曲棍球最重要的装备，就好比是手臂的延伸部位。因此你不但需要牢牢地握住球棍，并且还要能够灵活地操控它。当你稍稍用力时它理应击打到球而不是从你的手中飞脱开来。同时，球棍还一定要操控自如，这样你才可以迅速地旋转和移动它。这一点不容忽视，因为曲棍球必须要用球棍平坦的一面去击打。

球棍的握法

球棍应该这么握：

- 左手握在球棍末端或是稍下一点。
- 右手放在离左手下方约三掌宽的位置。

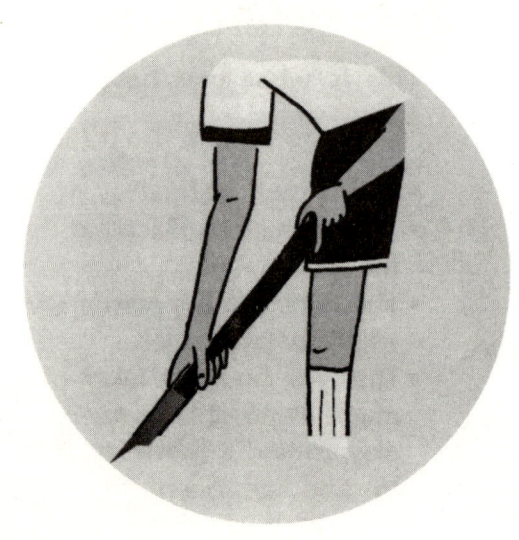

翻转球棍

为了快速完成球棍在正手与反手之间的来回切换，你需要翻转球棍。

以下是你需要注意的几点：

- 左手持球棍并决定其翻转的方向——就好像用钳子拧紧螺丝钉那样。
- 右手并不参与球棍的翻转。它起到的是类似索环的作用，套住螺丝钉并保证不滑开。

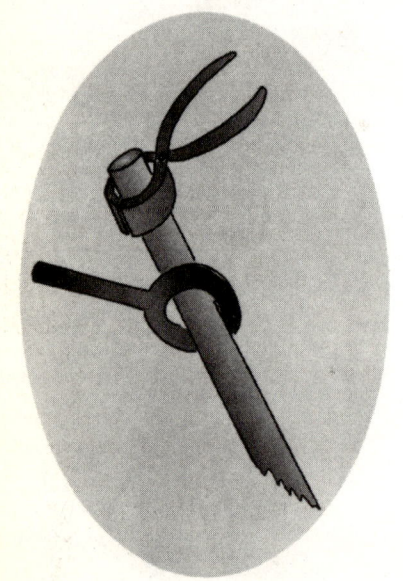

正手与反手

正手姿势

这是正手打曲棍球的持球棍姿势。曲棍球在球棍左侧，对着平滑的一面。

反手姿势

反手姿势时，曲棍球位于球棍的右方。但是由于只能够用球棍平滑的一面来击打，所以球棍必须翻转至反手的位置。此时球棍顶端朝下。

要能够在正反手之间迅速转换，翻转动作的幅度必须尽可能的小。要达到这样的程度，就需要多多练习翻转的动作。同时，你还要尝试尽可能将视线从曲棍球上移开。

 我们来学曲棍球

下面的球员在身体姿势和握球姿势上有错误。你可以看出来吗?

1

2

3

其他还有哪些错误是你需要注意的吗?你的教练是如何跟你说的?你可以在这里写下来。

_____

_____

_____

控球

在身体一侧正手带球

你可以在身体右侧用球棍平滑的一面带着曲棍球移动。这样你可以保持球和球棍之间的距离很接近或是通过轻打来击球。

这个方法可以非常快速地移动球,尤其当你拥有充足的空间时。

以下是你需要注意的几点:

- 膝关节和髋关节微微弯曲。
- 球棍呈斜角握于身前。
- 球棍的表面对着前进的方向。
- 左手的手背也对着前进的方向。
- 右手置于左手下方约三掌宽的位置,手背则对着身体。
- 双手手腕弯曲。
- 球棍与左前臂几乎呈一直线。

持续控球

即使是持续带球，依然将其置于身体的右侧。不过这样一来球就会远远落在后方，几乎与右脚齐平。将球棍靠近地面并用前端的弯曲部分带球。

通过这样的姿势你可以更好地掌控和保护球并避免被对手截走。

以下是你需要注意的几点：

- 让球与脚后跟齐平。
- 将球棍放低，更加倾斜靠近地面。
- 用球棍顶端的弯曲部分"勾住"球。
- 脚尖指向前进方向。
- 身体躯干转向球。

这一技巧可以让对手更难以靠近球。

在身体前方正手带球

通过这一技巧,你将不是在身侧而是在身体前方带球。如此一来,你的速度会非常快。

球棍紧贴着球,而你则可以快速运球绕过对手或是将球传给队友。在人工草坪上或是室内打曲棍球时尤其会用到这一技巧。

以下是你需要注意的几点:

- 身体处于蹲踞的姿势。
- 球棍持于身体前方。
- 由于采用不同的方式握球棍,所以手臂也要放在身体更前侧一些的位置。
- 球不需要击打就可以保持流畅的运动。

停住球

在身侧带球时也能够停住球是非常重要的。当球的速度过快,需要改变方向或传球时你就得停住球。

以下是你需要注意的几点:

- 放慢速度。
- 左脚在前。
- 球棍从球的上方由正手位置翻转为反手位置。
- 用左手来完成正反手的转换。球棍在放松的右手中实现翻转。
- 球停在左脚趾的前方。
- 停住球之后,马上将球棍从球的前面翻转回球的后方。

边转弯边在身侧正手带球

绕过障碍物——在真正的比赛中将是绕过你的对手——你需要特殊的转弯技巧。

向左转

- 在奔跑中,球要置于身体前方。
- 左手肘部靠近身体。
- 右手向前推进。
- 球棍顶端平滑的一面对着左前方。
- 在转弯时要不停地轻击曲棍球。

向右转

- 你越过球。
- 左手肘移至前方。
- 球棍微微向下倾斜。
- 左肩低垂。
- 前臂与球棍形成一条直线。
- 在转弯时球与脚持平。

正反手控球

这种控球方式比其他动作要慢一些,但是却有利于你在运球时快速地传向左边或右边。当你想要运球绕过对手时,这也是一种比较简单的障眼法。

以下是你需要注意的几点:

- 双腿微微分开站立,球位于身体的前方。
- 球棍面迎向球的右侧。
- 如同 58 页上描述的一般,以翻转的姿势紧握球棍。
- 仅用左手将球棍从球的上方翻转至反手位置。
- 现在球棍顶端朝下,平滑的一面则对着球的左侧。
- 带球时,正手往左前方而反手则往右前方。

首先站着练习这个动作，接着边走边练习，之后则边跑边练习。完成动作要靠近球，幅度要小。大幅度的摆动不但耗时久，也会给对手快速从你手上抢走球的机会。

左手腕不能弯曲。前臂、手和球棍要在一条直线上。

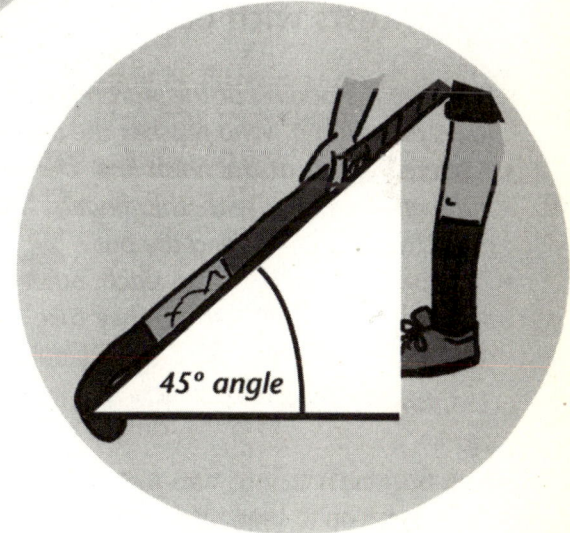

这一条定律适用于所有的控球形式：所持的曲棍球球棍与地面约呈45°角。

你该这么进行练习

要想能够很好并且稳妥地控球需要进行大量的练习。在这里，我们为你准备了一些练习。

你可以单独或是和朋友们一起练习。

1 直线运球

慢慢地出发，同时眼睛要盯着曲棍球。现在试着时不时将视线从球上移开并看向前方。

- 沿着一条直线运球。
- 指定一个你运球的目的地。
- 尽可能快速地到达所指定的位置。
- 尽可能不断长时间地看向前方的目的地。

2 控球比赛

- 每个人都站在起跑线上。随着一声令下，每个人都飞奔而出。谁第一个到达指定的终点呢？
- 一名裁判员站在终点线位置。比赛中，他用手指比划出一组共三个数字。谁能够一边控球一边正确看到所有的数字呢？
- 两名球员相隔一段距离面对面站着。每个人都有一条起跑线。一声令下，他们飞快跑出并互换位置。看谁率先抵达对方的位置？小心，可别撞在一起！

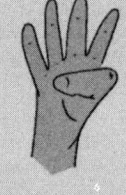

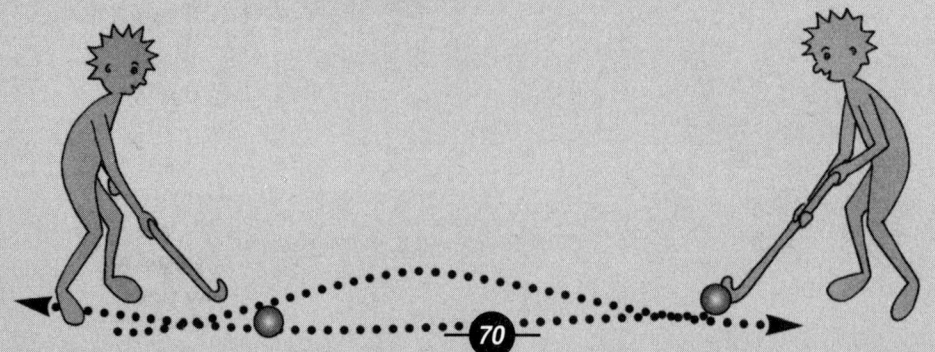

3 影子练习

一名球员运球跑在前面，第二名球员必须跟在其后严格沿着他的路线运球跑。你可以在这个过程中加入不同的转弯和停止动作。

4 障碍跑道

设立一条有多个左右转弯和直道的障碍跑道。

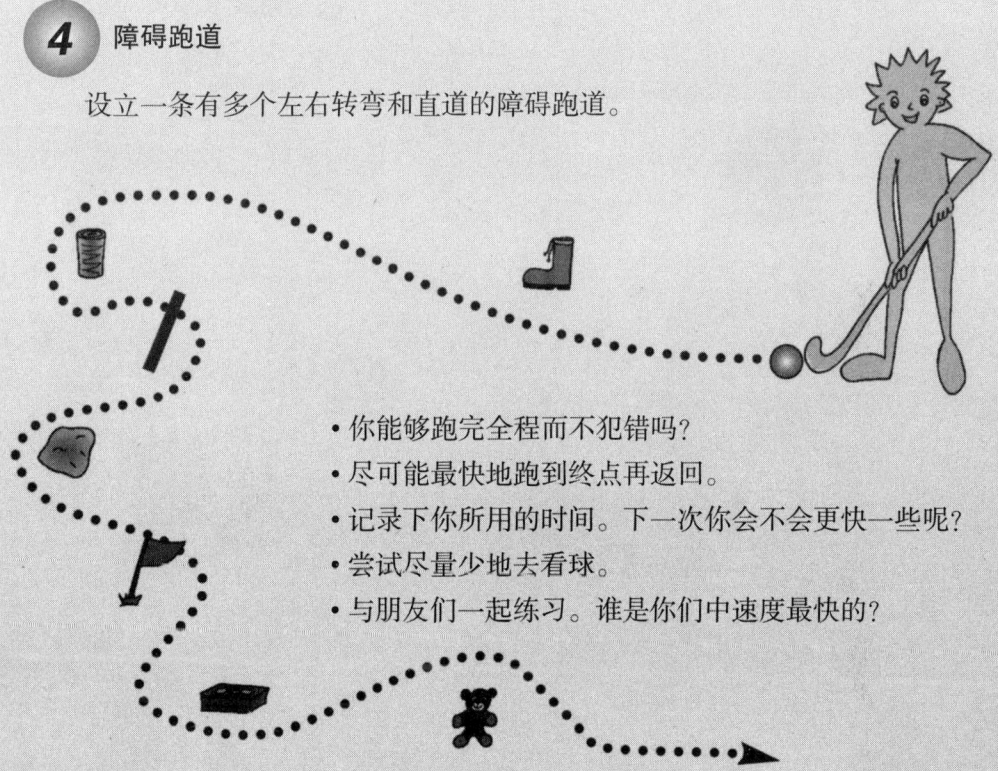

- 你能够跑完全程而不犯错吗？
- 尽可能最快地跑到终点再返回。
- 记录下你所用的时间。下一次你会不会更快一些呢？
- 尝试尽量少地去看球。
- 与朋友们一起练习。谁是你们中速度最快的？

5 在遭遇干扰的情况下控球

你可以在很多练习中加入这样的难度。

- "干扰者"没有曲棍球球棍，也不能碰触到你或者是曲棍球。他只是不断地挡住你，而你则必须绕过他。
- "干扰者"试图用曲棍球球棍从你那儿抢走球。
- 两人再次相隔一段距离面对面站立准备互换位置，但只有一名球员有球。另一名球员得尽力在交换位置的跑动过程中抢走球并运球越过自己的终点线。谁会成功呢？

球员们在控球的时候会犯错。你能找到这些错误吗?

在这里,我们的设想是一个理想的场景。但想必你已经意识到,在比赛中,你有时候会被迫偏离这样的场景。

我们来学曲棍球

在你同样容易犯的错误旁边画上记号。画的时候当然得用铅笔,这样你可以在之后将记号擦掉。

传球

在比赛中，你只需想着始终向前运球、给队友传球、执行任意球以及最重要的射门得分就可以了。

正手推传球

从身体前方推传球适用于短距离将球传给队友。如果你的队友恰巧摆脱防守、处于一个有利的位置，那你就可以快速而准确地将球传给他。

以下是你需要注意的几点：

- 左肩朝着传球方向。
- 微微弯曲膝关节和髋关节。
- 在预备动作时，重心在右脚上。
- 在传球时，重心转移更加偏向左脚。
- 双手朝着传球方向推出。

横向推传球

当你离队友距离较远时你得从侧面横向推传球。

以下是你需要注意的几点：

- 球位于双脚之间。它离身体的距离要恰好能够让球棍与地面成45度角。
- 球棍击球的方向约与左脚平行。
- 球棍挥向传球的方向，并在大约髋部的位置放慢速度。

为了避免受伤，你必须在球棍击完球之后放慢球棍速度。

大力击球

只有在场地曲棍球中才需要使用这一技巧。球被大力击出,从而向前行进很长一段距离。

这是你如何将球传给队友、射门、打任意球或是开球。

以下是你需要注意的几点：

- 右手滑向球棍顶端，直到紧贴左手下方的位置。
- 身体姿势放低。
- 双腿大幅跨立。
- 挥动球棍时，要贴近地面收回球棍。
- 击球时，球棍要快速挥出击向球的后部。

在刚开始练习的时候，你更多的是要注意准确性而不是冲击力。之后，再慢慢转移注意的重点。

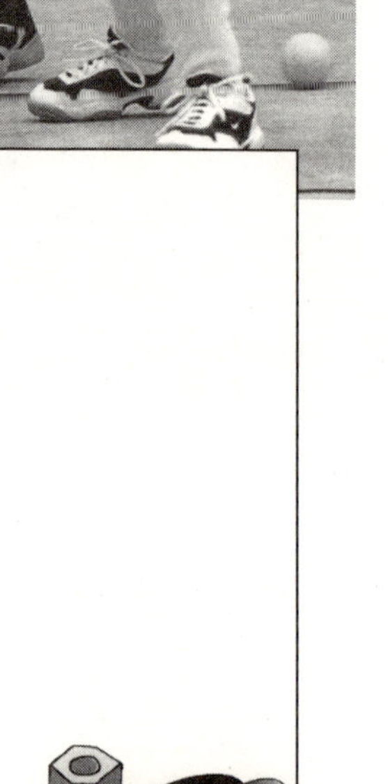

你有没有自己所在队伍正激烈进行曲棍球比赛的照片？把它粘在这里。当然，你也可以在这里画一幅图片。

反手推传球

当球从你的右边而来时,最快停住它的方法即用反手。接着球就可以快速被击回或通过反手推传球传向右边。

以下是你需要注意的几点:

- 球员相对于球呈直立姿势。
- 左肩朝着传球方向。
- 球位于双脚之间的中点处。它离身体的距离要恰好能够让球棍与地面成45度角。
- 反手握球棍,且用球棍平滑一面对着球。
- 向右方用力击球。

你该这么进行练习

要想能够很好并且稳妥地传球和射门需要进行大量的练习。在这里,我们为你准备了一些练习。你可以单独或是和朋友们一起练习。

击中目标

指定一块目标区域并做上标记,将球传至标记区域,可以是碰到标记区域也可以是停在其中。

- 标记不同距离外的目标区域。
- 谁击中目标次数最多?
- 让他人传球给你。而你则在接到球之后迅速将其传至指定目标区域。

② 单独练习射门

如果你想要单独练习,你需要好好计划一下,这样你就不用额外多带球总是追着球跑。

- 对着倒下的树干或是竖起的木板打球。你还可以用粉笔或胶带将目标标记出来。现在试着从不同距离和不同位置向目标击球。

3 传球

两名球员面对面站立，互相来回传球。

- 在刚开始的时候尽量让对方能够比较容易地接到球。
- 慢慢地增加对方的接球难度，更加用力或是更加偏离对方。现在必须要努力追赶才能接到球。
- 交替进行不同难度的传球。
- 改变传球的距离或是传球穿过球门。

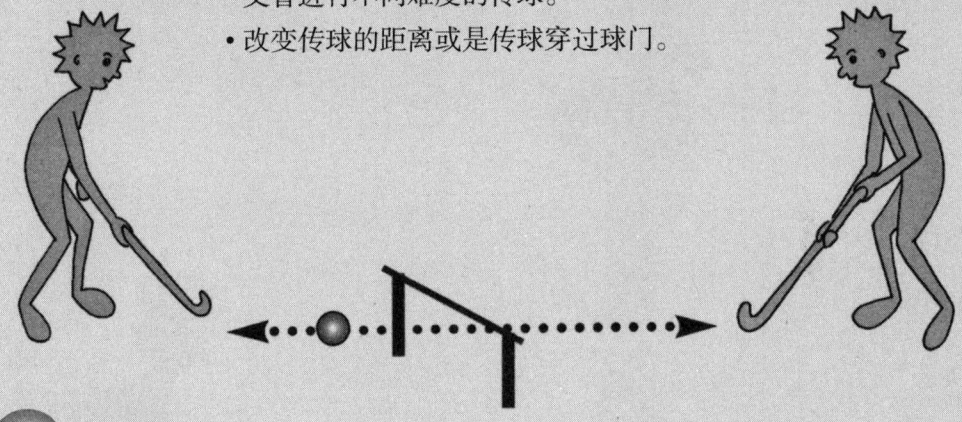

4 练习射门

每一名球员都需要守住球门。
与此同时，他还要尽量成功将球射入对方球门。

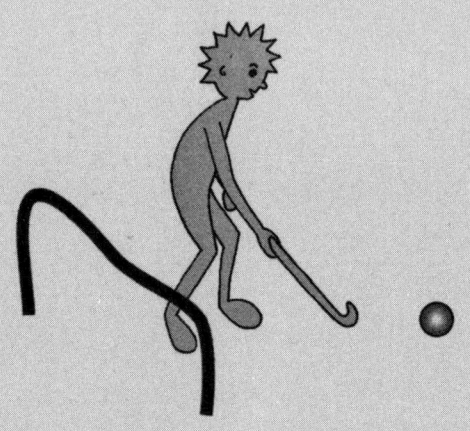

一旦你开始一项训练，并且多次进行练习，你就可以给相应的球涂上颜色。

 我们来学曲棍球

这些运动员在推传球时出现了错误。你可以找到它们吗?

1

2

3

这些运动员在击球时出现了错误。你可以找到它们吗?

1

2

3

在你同样容易犯的错误旁边画上记号。画的时候当然得用铅笔,这样你可以在之后将记号擦掉。

我们来学曲棍球

噢，不！我迷路了！

这名球员该如何才能找到回队伍的路呢？你能帮忙吗？

接球

在组队打球时,接球是一个十分重要的技巧。成功的球赛离不开球员能够稳稳接到队友传来的球。然而与此相反,如果一直失球,比赛很快就失去了趣味。

正面正手停球

要从正面停住球,球员需将他的身体转向来球,如此一来才可以密切注意它。对于初学者而言,这是接球最稳妥的方式。

好嘞,球!我已经准备好了,你别想逃脱!

低杆正面正手停球

如果球并没有弹跳而是缓慢地滚动,你可以通过放低球棍停住它。这样有助于拓宽你的停球面。在人工草坪上或是室内打曲棍球时尤其适用这一停球技巧。

以下是你需要注意的几点:

- 你要将整个身体都转向来球。
- 球棍要非常贴近地面放置。
- 形成阻隔!
- 立住不动。

曲棍球球员也将这一停球方式称为"搁下挡板"。

加宽停球面

当你贴近地面持球棍时，大大增加了停球面。通过配图中的三角区域你可以更直观地看出这一点。即使球略偏向左面或者右面，你还是能够停住球。

要确保球棍与地面的空隙不是太大，否则球会从球棍下滚过。

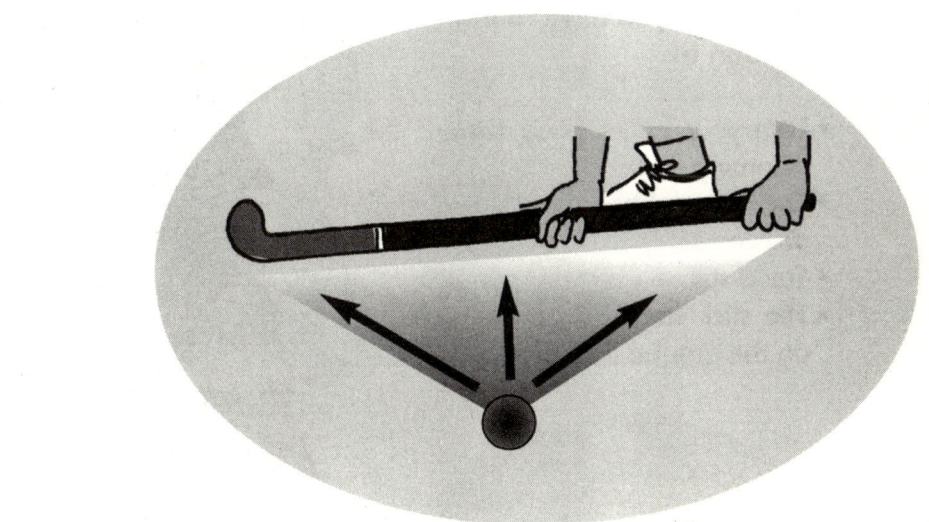

形成阻隔

球棍朝来球方向微微向前倾斜。这就好比在球的上方形成了一个如同屋顶一般的阻隔，使球不会从球棍上方弹开。

高杆正面正手停球

如果球的速度不慢而且是弹向你,你可以在身前竖起球棍停住它。由此,你扩大了由下向上的停球面。

以下是你需要注意的几点:

- 你要将整个身体都转向来球。
- 双腿可以微微分立。
- 立住不动。
- 球棍竖立在你身前几乎与地面垂直。

曲棍球球员也说:球棍"吸住"球。

高停球面

当来球处于弹跳状态时，你不可能精确预测到它在碰到你的球棍时会弹得有多高。如果你垂直握球棍的话，你可以增加停球面的高度。

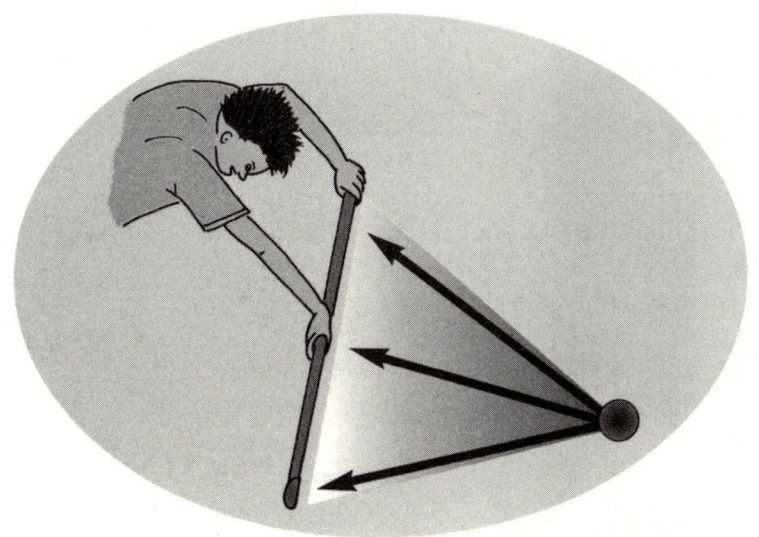

形成阻隔

球棍顶端朝来球方向微微倾斜。这就好比在球的上方形成了一个如同屋顶一般的阻隔，可以帮助你更稳固地停住球而不会轻易弹开。

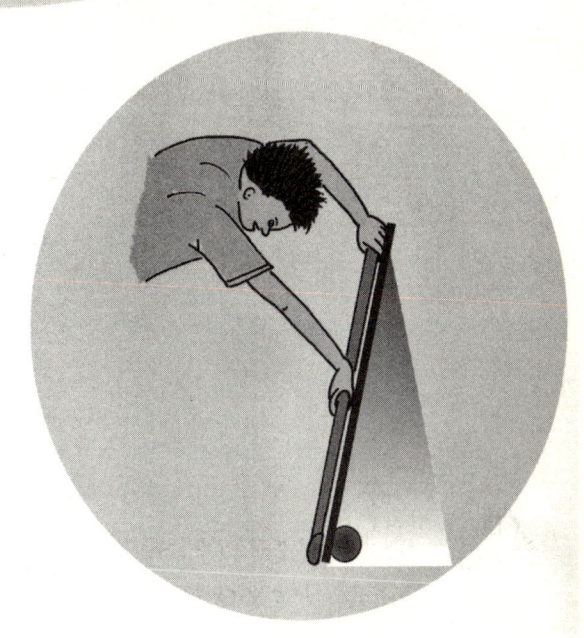

侧面正手停球

你也可以从侧面接球。这一姿势的优势在于你可以在停住球之后立即采用正手推传球或正手击球。

以下是你需要注意的几点：

- 左肩朝着传球方向。
- 双脚平行。
- 双腿可以微微分立。
- 立住不动。
- 将球棍持于身前，与地面呈45度角。
- 别忘了"形成阻隔"！

要从**侧面反手接球**，你得从正手转换为反手。在转动球棍的过程中，你需要把重心移至前脚掌并将双脚转向左方。你可以通过这种双脚跨立的姿势，在与脚后跟齐平的位置接到球。

反手低杆停球

在室内或人工草坪上打曲棍球时尤其适合采用这种接球方式。同时，你要根据球棍需要达到多远的距离来决定自己持球棍的方式。

1）你可以通过反手姿势用双手将球棍置于地上。

2）如果想要够到更远处的球，你应当仅用左手握住球棍的最顶端。这样可以扩大球棍触及的范围。

3）图示中的这名球员以短握的方式持球棍。他想要在约与左脚齐平的位置停住球。

以下是你需要注意的几点：

- 采取深蹲姿势。
- 反手置球棍于地面。
- 立住不动。
- 别忘了"形成阻隔"！

要想在随后立刻射门，你一定要迅速站起并在球的后面恢复正手姿势。

你该这么进行练习

要想能够很好并且稳妥地接住球需要进行大量的练习。在这里，我们为你准备了一些练习。你可以单独或是和朋友们一起练习。

 停住球再回击

让别人将球传给你。你则接住它并快速再次将球打回。与此同时，尽量不要改变你脚的位置。

- 竖直球棍接球—正手推传球。
- 以正手姿势接低球—正手推传球。
- 让别人将球传给你。你则接住它并快速将其传至另一个作了标记的目标处。

2 双人来回传球

你和另一名球员面对面站立，互相来回传球。

- 开始的时候两个人之间的距离很接近，接着每传一次球就往后退一步。
- 首先让对方能够很容易就够到球，之后时不时稍稍往左或往右击球。

③ 多名球员

几名球员站成一圈，互相传球。每轮到一个人先停住球再传给下一名球员。

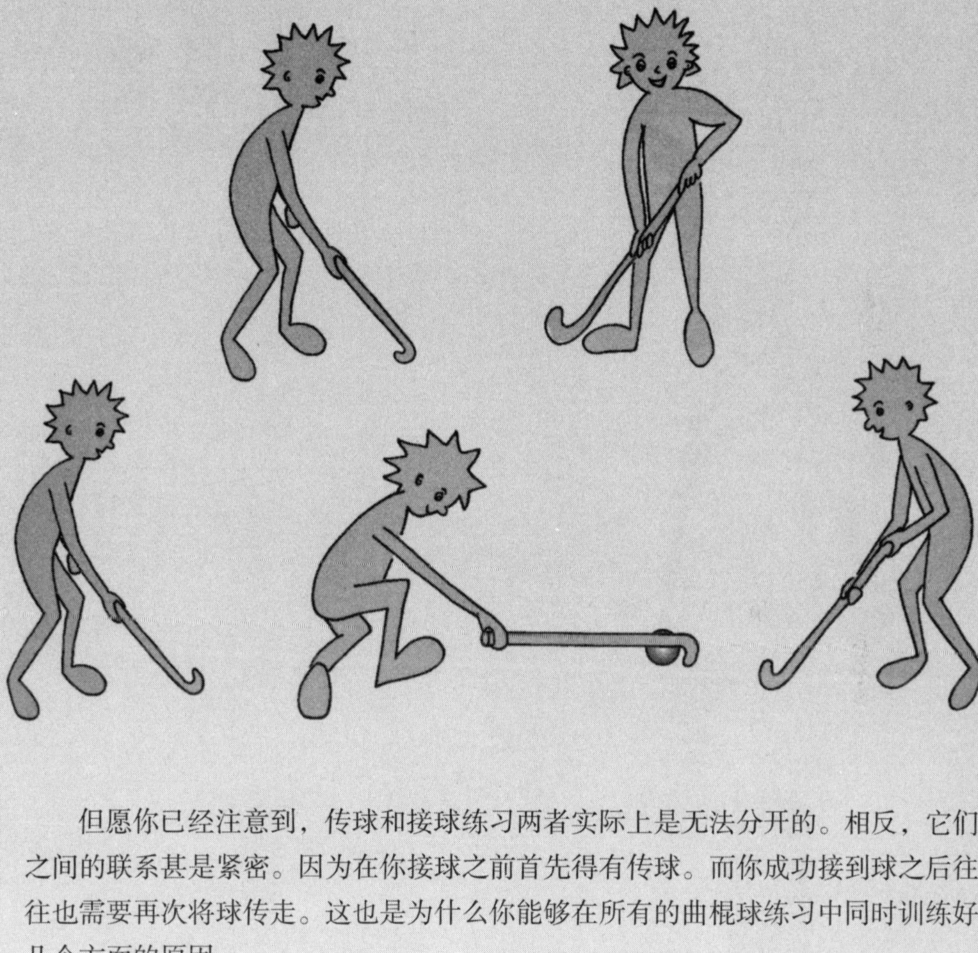

但愿你已经注意到，传球和接球练习两者实际上是无法分开的。相反，它们之间的联系甚是紧密。因为在你接球之前首先得有传球。而你成功接到球之后往往也需要再次将球传走。这也是为什么你能够在所有的曲棍球练习中同时训练好几个方面的原因。

在练习时要不断变换技巧。不过其中最重要的是应练习你不擅长的方面。

这些运动员在接球时出现了错误。我们已经将它们写了下来。

如果在接球时犯了这些错误，你知道会发生什么情况吗？请写下来！

这名球员将球棍向后而不是向前倾斜。
这可能会出现的情况是：

_____

_____

_____

_____

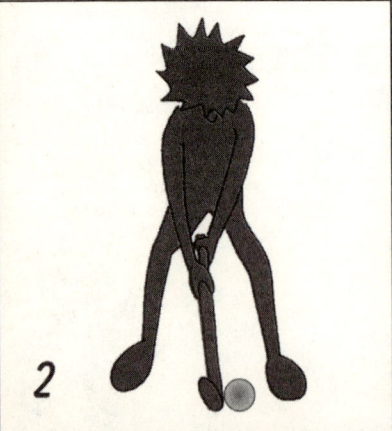

这名球员没有"形成阻隔"。
这可能会出现的情况是：

_____

_____

_____

_____

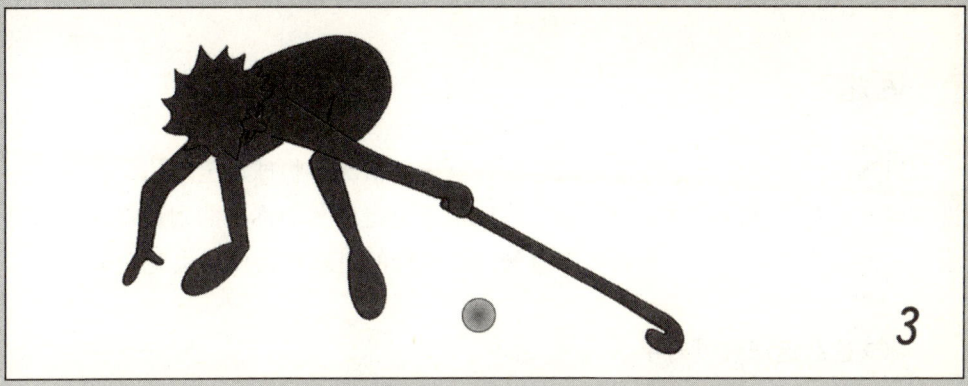

这名球员没有将球棍置于地面上。
这可能会出现的情况是：

_____

_____

_____

_____

_____

第四幅图示是加分题。你可以看出这名球员犯了什么错误吗？

运球

当然，对手不会让你在没有遭遇任何反抗的情况下将球运至球门，甚至可能进球得分。对方球队的球员会尽力从你球棍下抢走球。而你想的则是将球运过对手，让他"望尘莫及"，从而多多得分。你绝佳的进球机会便是由此而来。

你该这么运球绕过对手

1 在你身体前方带球。现在你已经选择好任意一个目标方向。密切关注你的对手并考虑如何前行。

2 你要快速运球绕过对手。要做到这样你也可以用假动作迷惑住对手。暗示给对方错误的方向之后，从另一面运球绕过对手。

3 运球绕过对手后，尽快甩掉他并直奔目标。

防守

如果球在对方的手中,而你又想尽快地抢过球。此时,掌握防守和控球技术再一次变得尤为重要。

不过,你并不单单只想阻挠对手、将他的球夺到自己手中,而是要继续保持着控球权。为此,你得稳稳地带球和控球,并防止它很快被再次抢走。好好利用这一形势并顺利地实施进攻。

你该这样成功地进行防守:

1 取得球的控制权。

2 控球。

3 开始实施进攻。

"搁下挡板"对于曲棍球初学者而言是最常用和最保险的防守技巧。

我们来学曲棍球

Ela正在找自己的曲棍球球棍。你可以帮她吗?

- 这支球棍中间的杆为浅色。
- 这支球棍有两道白色的条纹。
- 这支球棍的端头不是黑色的。

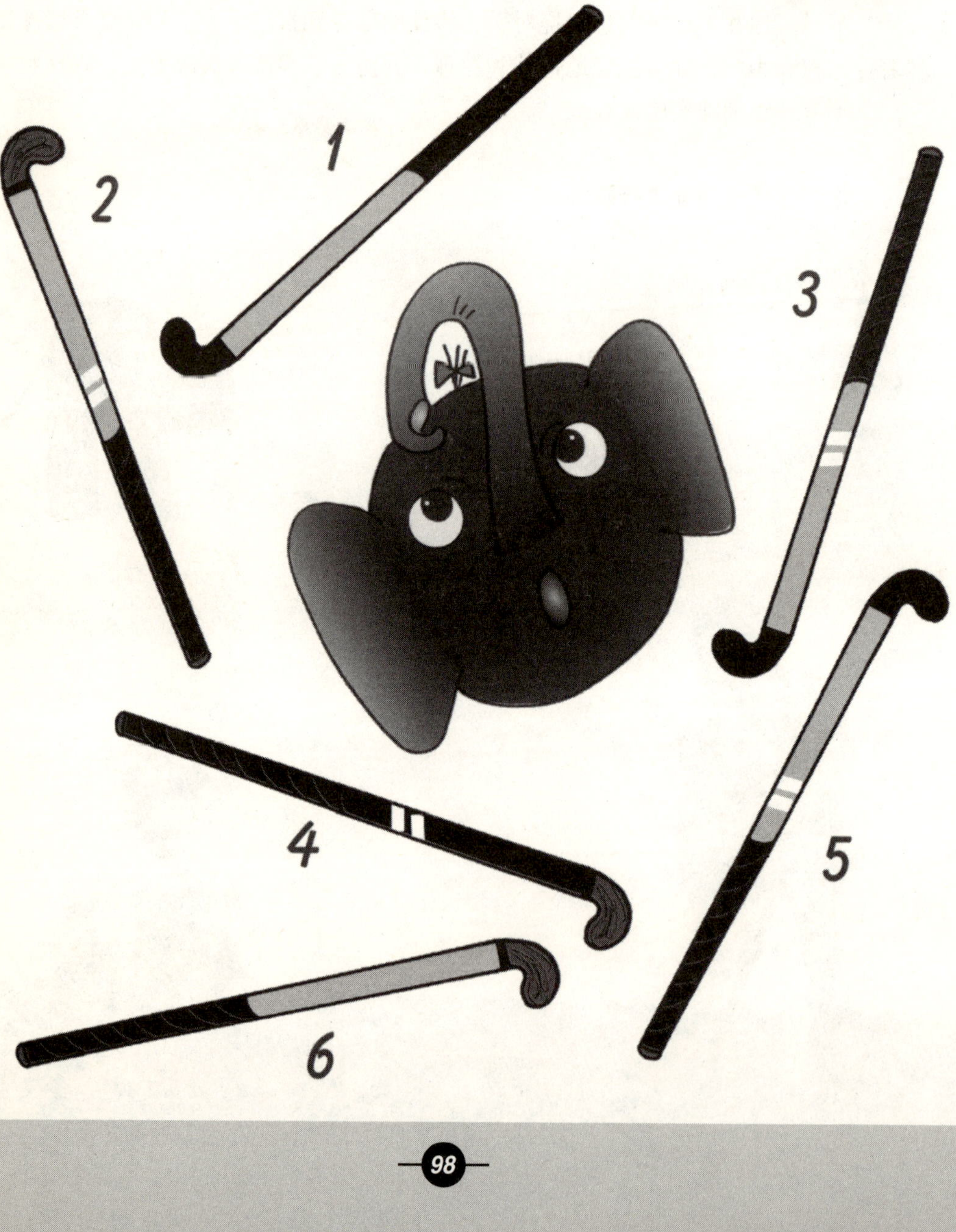

8.遵守规则

我们生活中几乎所有的事物都井然有序。如果每个人只要想做就可以做任何事,那将会是怎样一种混乱的情况。家有家规,每个人都得遵守它,而学校、日托所和球队同样都有自己的规定。对于驾驶员有交通法规,每个牌类游戏也有规则。

体育运动中也是如此。每一项运动都有规定如何进行练习,如何开展对抗赛以及什么时候球队算赢或算输。另外,还有关于允许哪些行为和禁止哪些行为的规定。

关于曲棍球有整整一本书的规定。谢天谢地是那样!否则每个动作之后的得分和处罚都将引发漫长的讨论,没有人打球会尽兴。

在这里,我们并不想赘述所有的曲棍球规则。这样会太麻烦而且当下对你来说也不是那么重要。当你和朋友们打曲棍球时,你们可以定下自己的规则,而在俱乐部中,教练会解释那里的规则。

不过如果你对此感兴趣,你可以上www.fihockey.org网站(译者注:中文版本的规则可登陆hockey.sport.org.cn网站)阅读关于曲棍球规则的信息。

曲棍球官方竞赛规则

当你和朋友们打曲棍球时，你们可以定下自己的规则。最重要的是你们都同意，而且每个人都接受并遵守这些规则。

但是知道曲棍球竞赛的实际规章制度仍然十分重要。你可以在此基础上订立"娱乐"规则。

球队

曲棍球的魅力在于它是一项团体运动。你与其他的运动员一起打球、一起比赛、一起分享胜利，即使失败也永远不用独自一人面对。一支场地曲棍球球队由11名球员组成（10名球员和1名守门员），而一支室内曲棍球球队则由六名球员组成。

球场和球门

场地曲棍球的场地和室内曲棍球的球场对于边线、球门线和射门弧都有特定的测量要求。

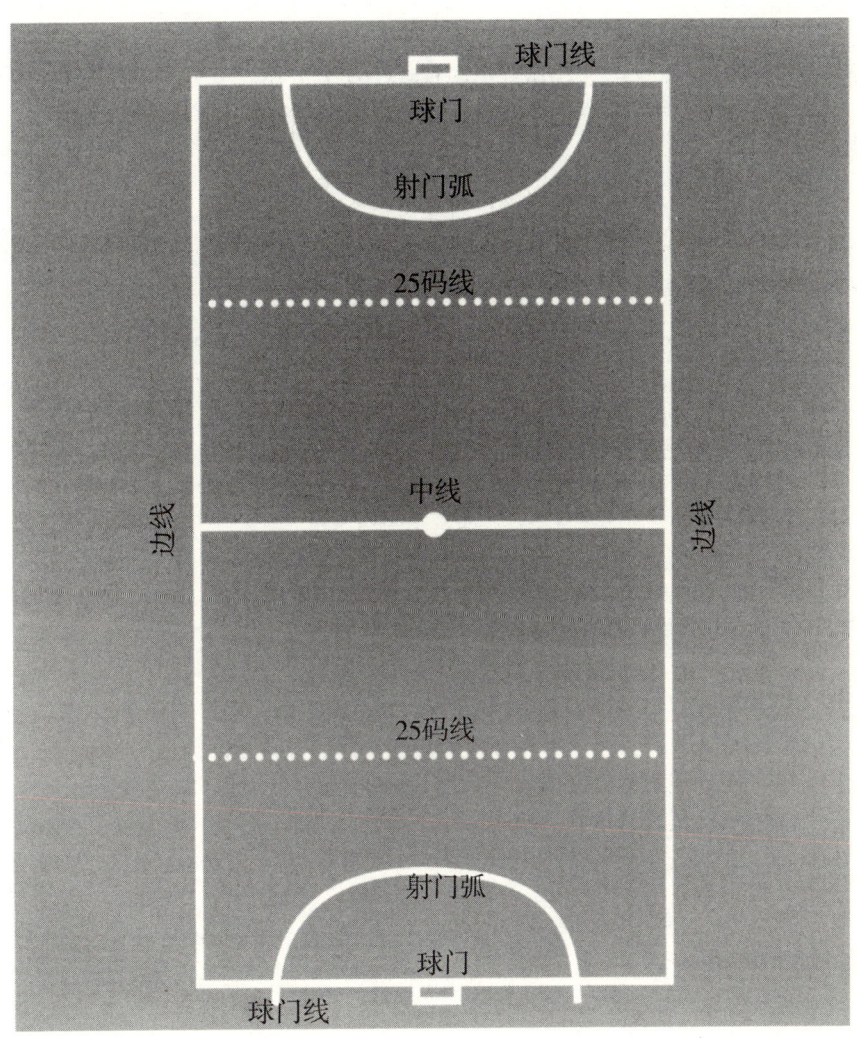

一般孩子们在小一点的球场上打曲棍球。大多数情况下为一个大球场的一半。室内曲棍球则可以在手球赛场地上进行。

年龄组和比赛用时

所有年龄组的室内曲棍球和场地曲棍球比赛都分为两个半场。

			场地曲棍球	室内曲棍球
男孩/女孩	U10年龄组（年龄低于10岁）		2×25分钟	2×10分钟
男孩/女孩	U12年龄组（年龄低于12岁）			
男孩/女孩	U14年龄组（年龄低于14岁）		2×30分钟	2×12分钟
青少年组	U16年龄组（年龄低于16岁）			
青少年组	U18年龄组（年龄低于18岁）			
高年级及成人组	大于19岁年龄组		2×35分钟	2×15分钟
				直至2×30分钟

你该这么打曲棍球

只能用球棍平滑的一面去击打曲棍球。所谓平滑的一面也包括球棍的边缘在内。

场地曲棍球：

- 可以推、击、拨球和挑高球。
- 应将球打得较低。
- 传高球务必不能伤及任何球员。
- 射门时允许拨球或挑高球。

室内曲棍球：

- 必须将球打得较低。
- 不能大力击球。
- 只有在射门弧内才允许拨球或挑高球射门。

进球何时为有效?

满足下述两种情况,进球有效:
- 射门球员位于射门弧区域内。
- 曲棍球整体越过球门线。

出现以下任何一种情况,进球无效:
- 射门球员位于射门弧区域外。
- 曲棍球并未整体越过球门线。

球赛

开球

在球赛开始时和进球之后,将于球场中心开球。双方球员均位于本方的半边球场内。一旦开球,他们便可以立刻越过中线。

争球

如果球赛不是因为犯规而暂停,可以在停止处继续比赛,不过必须是在射门弧范围之外。在争球时,两名球员面对面而立,球棍的平滑一面和左肩均朝着对方的球门。在场地曲棍球中,所有其他的球员必须站在5米(5½码)之外;而在室内曲棍球中,则需站在3米(3¼码)之外。

你该这么做:

球棍首先置于球的右方并轻触地面,随后双方球员的球棍在球的上方碰。交替进行3次(编者注:自2009年起,改为碰撞1次)。接着,球进入状态比赛。

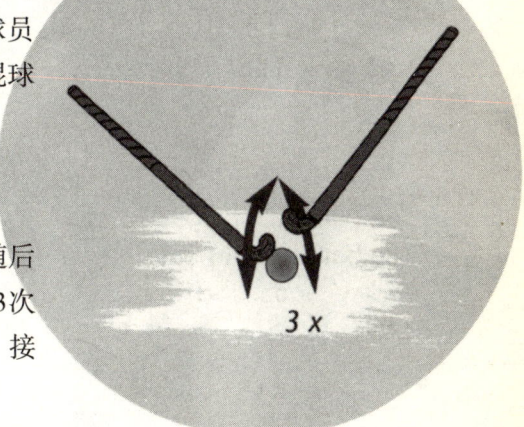

公正第一

对对手要公平

你不可能在没有搭档的情况下打曲棍球。还是说你老爱对着毫无挑战的空球门进球？你不仅要体谅对手，还要公平对待他。

对队友要公平

每个人都各尽所能，没有人会故意犯错。对别人大吼或是进行呵斥没有任何益处。相反，如果你帮助了能力稍逊的球员，那他下次在队伍中就能够更好地发挥作用了。

要诚实

对自己诚实。当你没有够到球、将球打出界或是某件事没有如你所愿，你不应该迁怒于他人，而是应该首先自省。应该遵循规则来打球，即使裁判员并没有看到。

公平比赛的重要规则

打曲棍球需要注意一些重要规则。如果每个人都遵守规则，那受伤的风险就会降至最低，而你也会在跟同伴们一起打球中获得很多乐趣。

- 应将球打得较低。球绝对不能达到会伤到球员的高度。
- 球棍永远只能碰到球而不是对手。
- 双手握住球棍，绝不能去推人、抓人、击打或是拉对手的球衣。
- 双脚应该保持快速而且敏捷，但决不能踢到或是绊倒对手。

跟球队一起打球、练习和准备比赛是最棒的事了！与此同时，你也学会了重视朋友关系、合作和友情。运动员们都是公平地打球的！

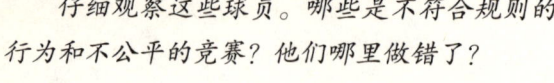

仔细观察这些球员。哪些是不符合规则的行为和不公平的竞赛？他们哪里做错了？

你知道其他还有哪些是犯规行为吗？请在这里写下来！

_____

_____

_____

裁判

在一场实际曲棍球比赛中，由一名裁判员对进球和输赢进行判罚是必不可少的。他确保所有球员均按约定俗成的规则打球。球赛在裁判的掌控之下进行，所有的球员都必须接受他的裁决。即使在你看来完全是另外一番景象，换了你会作出不一样的裁决，但你仍需听从裁判的决定。

9. 开始打球吧!

在公园里、马路上、校园内或是其他地方打曲棍球时,你并非一定要有两支每队各11人的球队、两个正规尺寸的球门或是划有明确界限的球场。即使是在一个没有划线的小型场地,球门仅用背包和运动包代替,打曲棍球也可以非常有意思。另外,不同的打球条件也有助于你练习自己的接球以及传球技术、控球和摆脱防守。

应找到一个适合的场地打曲棍球。确保不会因为球出界而发生砸破窗户和践踏花圃的情况。要避免新近粉刷的表面并远离交通繁忙的街道。明白了吗?尽情开始吧!

正当我终于第一次击球成功的时候……

与朋友一起玩曲棍球

球队

你想要组球队却没法达成一致?告诉你个办法:两名最小的球员面对面而立,他们采用"咖啡豆"步法走向对方,即每次迈步一只脚的脚后跟得贴着另一只脚的脚趾,以此种方式迈着小步伐。谁首先踩上另一人的脚趾就可以为自己的球队选择第一名球员。现在你们可以轮流采取这种方式直到选完所有的球员。

规则

即使你跟朋友们只是在公园或校园里打曲棍球,还是有些地方需要讨论。在比赛前要订立你们自己的打球规则。

- 哪些球员同属一支队伍?

- 球门在哪儿?守门员是否一直固定不变?

- 有没有"出界"一说?还是你们一直打下去?

- 犯规动作有哪些?什么时候能够获得角球、任意球或是争球的机会?

有时候,只有在比赛进行过程中你才会发现有些地方尚待解决。讨论一下吧!为了避免出现分歧,你们还可以指定一名队友为裁判员。

如果场上没有教练、老师或训练员,球员们可以拟定自己的打球规则。每个人都可以畅所欲言!不是由那个块头最大、最强壮的人或是球的所有者来决定如何打球。

Elo的一些建议:

- 要小心别打扰到他人!
- 要确保不打碎窗户、不破坏车子或花圃!
- 小心幼童或行人!
- 留心新建的房屋和新近粉刷的表面!
- 小心路上交通!
- 随着比赛的火热进行,嘈杂声响也会变得很大。要确保噪声不会打扰他人!

你该这么打球

打曲棍球要想趣味十足,你并不一定要在有边界、有两扇球门、有人工草皮的球场上打球。你也不必一直等到所有球员到齐凑成两支完整的球队。

只要找到一个合适的场地并就一些必要的规则达成一致,你们就可以拿起球棍开始啦!

我们用各式各样的符号来阐述比赛的构思,这样可以方便你理解。在这里,你可以看到这些符号的含义。也就是所谓的图例。

● ● 这是一个球门。

△ 这是一名球员。
同属一支球队的球员所用的颜色一致。

▲ 这是一名对方球员。
对方球员用另一种颜色表示。

—— 这是一条标志线。

 这一种类型的线表示球的行进路线。

1 一对一

你们需要两个同样大小的球门和一条中线。每名球员站在自己的球门之前。现在尽力将球击到另一边进球得分。当然,每名球员也想要守住自己的球门、停住球。球员不能越过中线。

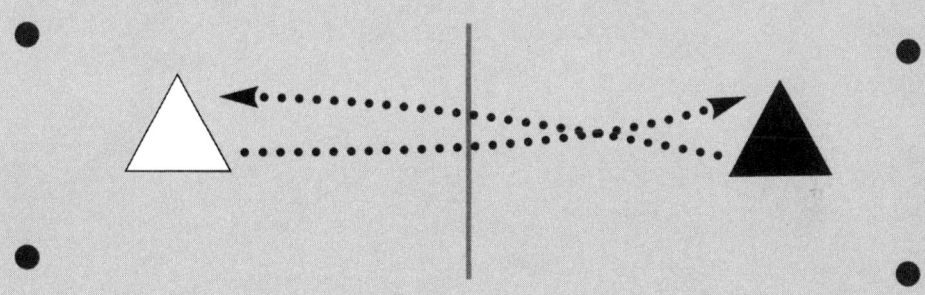

2 二对二

你们需要两个同样大小的球门和一条中线。每支球队均由射门和守门的两名球员组成。两支队伍各自呆在自己所在的半场区域内,不能越过中线。与此同时,传球给队友,直到你们中的一个处在射门的有利位置为止。

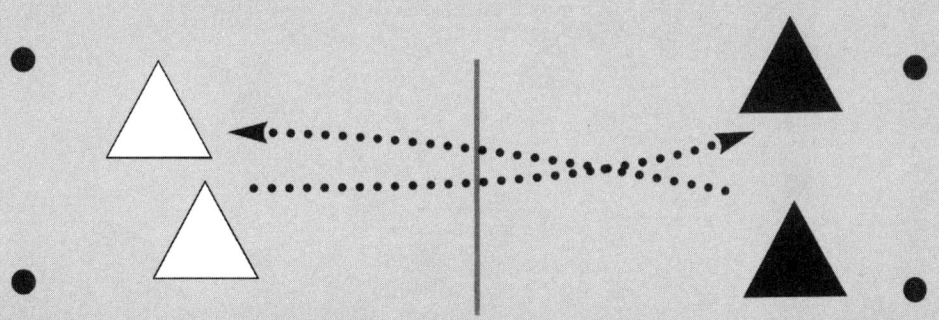

3 三对三

如同二对二时那样打球，只是现在每支球队有三名球员。但是为了干扰对手，你们可以让第三名球员去对方的半场区域。

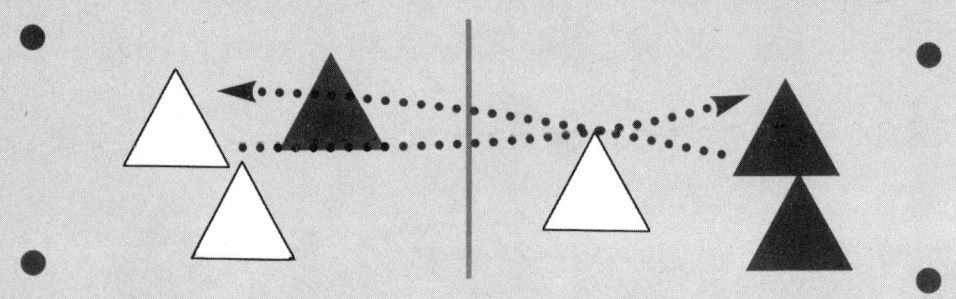

4 设置多个球门

组建两支球队并设立多个球门。当曲棍球穿过球门，并在球门的另一端被自己球队的球员接住时就算进球得分。

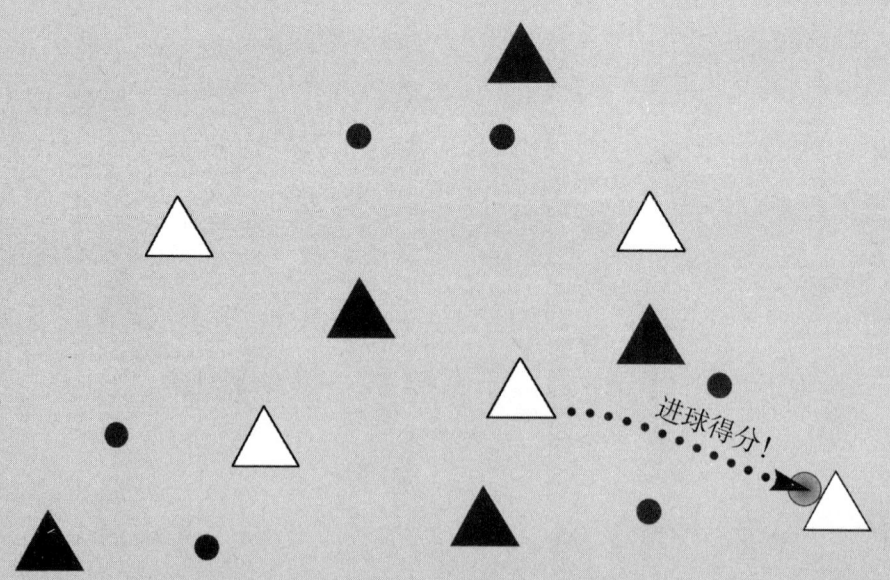

5 两支球队，四个球门

两支球队在有四个球门的情况下打球。在防守自己球门的同时，每支队伍都要尽力将球射入对方的两个球门中。

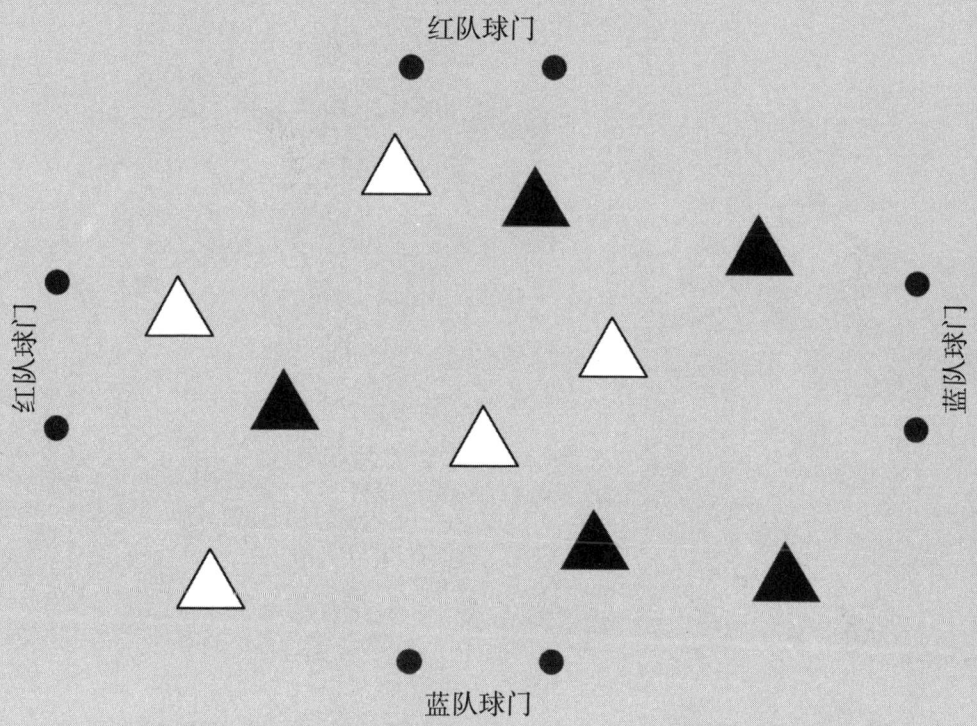

即使是与朋友们一起打球，你也要确保：

- 摆脱防守从而得以接到传球。
- 与你的队友一同尽力获得最高的分数。
- 密切关注对手的一举一动。

之所以一起打球主要是为了让球赛变得有意思。但是你必定会发现，那个平时打球最多的球员会打得越来越好。他传球的准确性、控球技术和一对一的能力均会有所提高。

10. 身体健康

大多数人运动的目的是为了寻找乐趣和取得成功。但是还有另外一个重要的目标，即保持身体健康。

正确饮食

比起沙发土豆（成天窝在沙发里看电视的宅人）来，那些参与运动、跑跑跳跳的人会消耗更多能量。这也是为什么训练之后总感觉食物特别好吃的原因——因为你又饿又渴，需要补充自己的能量。

几乎所有的孩子都爱吃巧克力、薯片、薯条和比萨。但是对于运动员来说，这些食物可不是最佳选择，尤其当你过于频繁和大量地食用它们。因为这些食物含脂肪过多。

运动员合理的一餐应该由抹了奶酪的全麦面包、水果和酸奶组成。当然也还有其他许多健康和美味的食物。要尽可能保持多样而均衡的膳食。

［译者注：对于中餐而言，应包括主食（米饭、面条等）、肉类（最好是鱼肉和禽肉之类的"白肉"）、蔬菜，水果和奶制品也不可少。］

这名运动员在训练后实在很饿。他简直想一下子吃喝完所有的东西。你会建议他吃哪些食物呢？将你认为不健康的食物划去！

哪样食物你应该在白天多吃一些，当你需要吃点心时？将所有的字母L、Y、M、A、X、E、K和D都划去。

F	D	K	A	R	E	X	Y	M	L	A
M	E	L	M	A	U	D	I	K	D	Y
Y	A	D	D	L	K	Y	M	A	M	T

如果你流汗了,就需要定期喝水

当你在训练或比赛时流汗了,你的运动衫往往就会湿透,你可以看到自己皮肤上的汗水。

流汗不是坏事——事实上,它还有益健康。但是当你流汗时,你的身体会缺水。这时,你就需要喝很多水使得自己的身体再次拥有足够的水分。

解渴饮料

最佳的解渴饮料是:

- 水

- 矿泉水

- 水和果汁的混合物(兑了水的苹果汁、橙汁或樱桃汁)
- 花草茶或水果茶(添加蜂蜜也可以)

纯果汁和软饮料并不适合用来补充水分,它们含糖量过高。

当你口渴喝水的时候，你一定要注意不要喝得过急。比较好的方法是分多次一小口一小口地喝。另外，还要当心不要将你的胃喝得太饱以致连动一动都很困难。

医生，你好！

你会高高兴兴地与你的医生打招呼："医生，你好！"因为身为运动员的你全身上下往往都很健康。但是即使你没有生病，也应该一年至少去医生那里做一次身体检查。告诉他你是打曲棍球的，他会检查你的身体并告诉你是否可以毫无顾忌地进行训练。

此外，还要让医生检查你的疫苗接种记录并给你一些营养方面的建议。

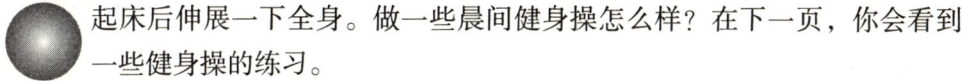

一日之计在于晨！

Elo给你的一些建议：

● 按时上床睡觉，保证充足的睡眠！

● 对新的一天充满期待。

● 起床后伸展一下全身。做一些晨间健身操怎么样？在下一页，你会看到一些健身操的练习。

● 在洗漱后冲个凉水澡再好不过了。它可以让你精神振奋并且变得强壮。

● 全麦面包、即食麦片、玉米片、牛奶、酸奶和水果组成了一顿健康而丰盛的早餐。

● 别忘了饭后要刷牙！

别忘了热身！

在每次训练课程刚开始的时候，你的教练总是会让你先进行热身。通过各项练习使得你的肌肉变暖、变松、变灵活，这至关重要。这样可以让你免受伤害。

即使你是在家进行活动或是与朋友们一起打球，也千万要记得热身！

热身练习

你可以通过慢跑或一些简单的跳跃练习进行热身。

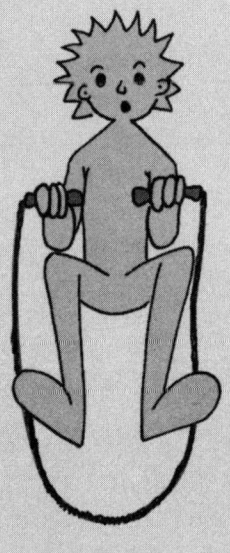

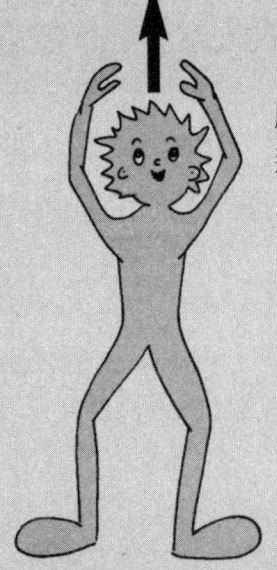

在向高处伸展的同时踮起脚尖，就好像你正试图摘苹果那样。

现在突然压低身子并尽可能地缩紧。

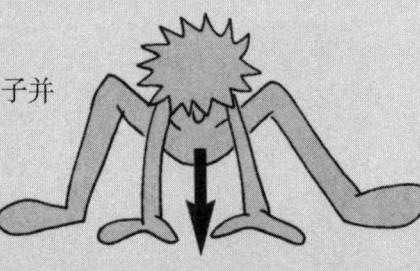

脸朝上平躺,并将骨盆部位向上顶起。

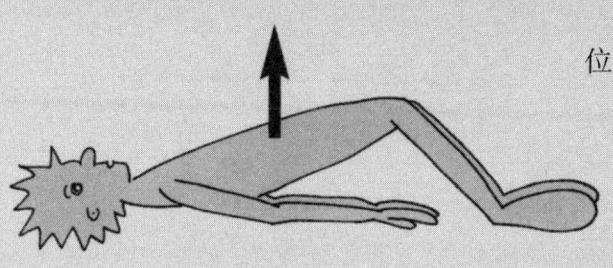

左右转动髋部。

将你的身体分别向左侧和右侧弯曲。

在早晨,你是否有时候会不想动起来呢?这些练习也很适合作为晨间健身操。

11. 参加曲棍球俱乐部

到一定程度的时候,你将不再满足于仅在后院、街上或屋子后面打球。这便是你可以参加曲棍球俱乐部的时候了。在那儿,你可以在球队中打球,发挥出自己的作用以及参加真正的比赛。

你该怎样找到一个曲棍球俱乐部?

- 首先要弄清楚你的父母是否同意你到俱乐部打曲棍球。如果答案是肯定的,你就可以找一个能够在你社区或家附近打球的运动俱乐部了。

- 如果你够幸运,你的朋友们或学校的同伴们已经在球队打球了,那他们将会带你参加训练。

如果你不知道该上哪儿去找曲棍球俱乐部,可以上 www.usfieldhockey.com 网站查询。

- 运动俱乐部在绝大多数时候会有一个问讯处或是公告板,在那里张贴着电话号码或是训练时间。做个预约进行一下尝试。接着,你就可以慢慢了解到整个流程了。你可以见到教练和其他的孩子们,还可以看看他们是如何训练的。当然,在最初的时候,所有事物对你来说都会是新奇而陌生的。这太正常不过了!

- 你一般会被问到你多大了,你属于哪个年龄组。这样你就可以被分入到俱乐部的一支队伍中。队伍的分配将参照你的出生年月而与你所在的年级无关。

- 现在你可以参加自己所选俱乐部的选拔或是参加体验式的训练课程。你的父母、哥哥姐姐或祖父母需要陪伴着你。同时也要带上运动衣和运动鞋。

- 如果你喜欢,而且教练也说你适合打曲棍球,那你就应该报名参加。随后,你将成为俱乐部的一份子并收到一张会员卡。

看哪!我想这正适合我们!

我的第一个曲棍球俱乐部

我所在俱乐部的名称：_____

我加入俱乐部的日期：_____

我的教练：_____

我的队伍：
（姓名，签名）

代表我们队伍的颜色：_____

我们的队标：

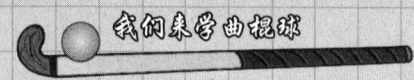

记录比赛结果是一件有趣而充满欢乐的事。你可以在本页上进行记录。

对手 / 日期	比赛结果

身为一名俱乐部和球队的成员需要做什么呢?

- 要勤奋训练,在比赛中表现出色。
- 每月支付会员费。
- 爱护俱乐部制服和球衣。

俱乐部会做些什么呢?

- 为球员们购买运动意外和伤害的保险。
- 组织训练和比赛活动。
- 给俱乐部成员发球员资格证。
- 给初学者训练提供球棍、球和守门员装备。
- 在俱乐部提供训练员和教练。

我可以退出俱乐部或是转入另一个俱乐部吗?

如果你想要退出俱乐部或是转入另一个俱乐部,你需要以书面形式取消自己现在俱乐部的会籍。

有时候也会存在禁止转会或需缴纳转会罚金的情况。

我需要始终参加训练吗？

- 准时和定期是参加运动项目的重要法则。不然，你将学不会任何东西。

- 如果你实在没有办法参加训练课程，尽可能提前让训练员或教练知晓。

- 如果你学习成绩欠佳，那学业第一。与教练讨论这一情况。

12. 参考答案

第4页　　图片中的是：
　　　　　篮球，排球，乒乓球，橄榄球，曲棍球，足球，网球。

　　　　　我们还想到的球类运动包括：
　　　　　棒球，手球，艺术体操的球操，马球，水球。

第10页

MAMMOTH 猛犸象

第16页　　两页上共有17个曲棍球。其中，16个球四散在各处，剩余的1个球
　　　　　则位于猛犸象旁边。

第34页　　这一堆里共有8支球棍。
　　　　　3号球棍和8号球棍是相同的。

第46页　　1. B. 曲棍球棒
　　　　　2. D. 防护罩
　　　　　3. A. 体育馆里
　　　　　4. C. 球棍的一部分

第54页　　1号球员将球传给他的队友。

第60/61页　球员们在身体姿势和握球棍姿势上所犯的错误。

1. 右手在球棍顶部，左手在右手下方。正确的应该恰好相反！
2. 双手之间的距离过近。左手应置于球棍的顶部。
3. 这名球员站得太直了，这样他将无法快速反应。
4. 双臂与身体的距离过近。因此，球棍过于垂直而非与地面呈45°角的位置。
5. 这名球员注意力不集中，球棍握得过于随便。因此，他并未做好接传球的准备，反应起来会需要过长的时间。

第72/73页　球员们控球时所犯的错误。

1. 双臂与身体的距离过近，使得球棍位置过于垂直。
2. 只用一只手持球棍，无法做到稳妥地引导。
3. 球弹了起来。
4. 在从正手转换为反手的过程中将球棍举得过高。
5. 球位于双脚之间，而不是在身体前方较远的位置。
6. 这名球员站得过于笔直和僵硬。

第82页　球员们在推传球时所犯的错误。

1. 这名球员站得过直，且双腿并未分开站立。
2. 球棍离身体过近而不是与地面形成45度角。
3. 推传球时不需要像击球那样挥舞球棍。

第83页 球员们在击球时所犯的错误。

1. 这名球员没有侧过身子而且站得过于僵硬。

2. 这名球员握住了球棍的中间而不是顶部。这样一来,他打球的力道和势头都会不足。

3. 击球之后球棍速度有所减慢,但球棍理应紧随着曲棍球继续运动。

第84页 如图所示为走出迷宫的路线。

第94 / 95页 如果球员们在接球时犯了这些错误,你知道会发生什么情况吗?

1. 曲棍球会由球棍弹向前方或旁边。

2. 曲棍球会从球棍上方弹过。

3. 曲棍球会从球棍下方滚过。

第4题,加分题:

这名球员拿倒了球棍,即球棍的底部向上。希望这样的情况永远不会发生!

第98页　　　　Ela的曲棍球棍是2号球棍。

第106 / 107页　错误和犯规

1. 球棍是用来打球而非勾住对手的。

2. 即使你很生气,你也不能扔下球棍了事!这不仅有违运动员道德,更有可能会产生受伤的风险!

3. 不允许打人!相反,要用优秀的技术迷惑对手。

4. 不允许出现打人、吐痰或其他侮辱和伤害对手的行为。

5. 只有守门员允许用脚停球或是紧紧抓住球不放。

6. 所有的球员都应该尊重裁判。侮辱行为不只有违运动员道德,也会受到处罚。

第124页

F	D	K	A	R	E	X	Y	M	L	A
M	E	L	M	A	U	D	I	K	D	Y
Y	A	D	D	L	K	Y	M	A	M	T

FRUIT(水果)

13. 我们聊一聊

如果这本书是写给成年人的，那么这几页针对家长和教练的内容理应作为前言出现在全书的最前面。但由于这是一本写给孩子们的书，我们就将这一章节如同附录一般放在全书的末尾。

我们的曲棍球初学者大多是小学生，他们才刚刚学会认字，还没有太多机会接触书籍。他们读书无疑还需依靠成人的帮助。在开始时最好的办法就是先迅速浏览一遍书，看看图片，填写问卷，再写下个人信息。这本书也不需要连续着读，可以将它作为实用的参考书和日记来使用。

大家一起阅读愉快！

你还记得你幼小的儿子或女儿第一次追着球想要玩球的场景吗？也许你会说：我的孩子一学会走路就这样啦！你的孩子从未丧失过对球类的热情，并且选择了众多球类运动中的一种。他/她想要学习打曲棍球，甚至是想在一个俱乐部里进行训练，那里有着经验丰富的教练和训练有素的训练员。而你愿意支持他/她学习这一充满魅力的运动实在是太好了。

曲棍球并不仅仅是男孩儿们的运动，女孩儿们也可以参与其中。除了室内赛季之外，一般球赛都是在室外球场上，也就是空气清新的户外。孩子们可以在学龄前就学习曲棍球，一旦学会了初级的基础内容，就会有刺激的比赛和第一个进球。各式各样的打球动作让曲棍球独树一帜，同时，它还对手法、一般技巧、耐力有要求，并有助于培养集中注意力和快速决断力。

曲棍球的一大优势在于，若是能够灵活掌控球棍，即使是身体较弱小的球员也能够获得成功。作为社区的一员，你的孩子既要学习团队打球的规范，也要懂得球员个人的重要性。每名球员都应学会持之以恒，并能够妥善处理球赛中的胜负。

另外，孩子们还要学会承担个人责任。渐渐地，球员们要为照料运动装备和其完整性负责，要注意训练和比赛的准时性和规范性。所以，应该帮助和支持您孩子希望打球、练习和训练的心愿。

在最初的阶段，玩耍、跑动、运球、射门等各种打球的形式会带给我们的小球员们欢乐。当然，这离不开一些基本的技巧，但是这些技巧当下还不是主要着眼点。孩子们应该寓教于乐，在玩乐中提高他们的打球技巧。这也是我们这本书的宗旨所在。在介绍必要的基础技巧和曲棍球规则同时，孩子们也学到了曲棍球比赛的大体情况。由此，他们得以积极参与到自己所喜爱的运动中去。

噢！天哪！我保证绝对不会再失球了！

有帮助的，但需要谨慎和耐心！

不要对你的孩子有过高的期待。最重要的是享受运动和比赛的乐趣。过度的雄心壮志只会有弊而无利。不要将你的孩子与其他同年龄的孩子进行比较，因为他们的身体发育状况会有巨大的差异，尤其在这样一个年纪。只要关注你自己的孩子，表扬他/她的进步。你的孩子将会很感激你。

来自同样打曲棍球的父母的支持

从事曲棍球运动也同样需要父母的支持。无论是组织训练着装，还是载着孩子们去球场或比赛场地，父母、甚至是祖父母都应该以搭档的身份参与到打球和训练中。如果你的孩子是球队的一员，那你的周末可能会受这些球赛相关的活动影响。如果比赛安排在周六或周末，全家都得早早吃早餐，父母将会是球员的司机，兄弟姐妹们则会想要同去加油助威。星期天的大餐必须等到终场的口哨声响起，而看望奶奶只能安排在没有球赛的日子里。

但还有什么比看到自己的儿女成为一名热切的小球员，因为射进了第一个球而异常欣喜更加高兴的事呢？当面临失败需要安慰的时候，父母与孩子们又会经历多少信任和亲密呢？无论将来你的孩子是否会成为国际一流球员抑或是"仅仅"享受比赛和友情，你都应该因为孩子定期进行运动而欣慰。

还有一点：

尽情享受比赛，欣赏小球员们的一举一动。要知道在比赛过程中父母的大呼小叫会让孩子们气馁。孩子们需要自己做决定，而技术上的建议和替换球员则是教练的职责所在。

另外：

许多俱乐部提供"家长曲棍球"。在这里，家长们不管是否曾经学过或是完全新手都可以打球！

一名儿童曲棍球教练应该具备以下特质和能力：

- 对每个人都要进行奖赏、赞扬、安慰和鼓励。
- 技巧知识和组织能力。
- 针对他们所遇问题的解决办法。
- 心系孩子们。
- 选择合适练习的能力。
- 与孩子相处的本领。
- 能够将喜悦和享受运动的感觉传达出来的能力。
- 对孩子们生理特质和发育阶段的知识。
- 与家长良好的沟通。

亲爱的曲棍球教练：

相信你一定认同这点——看着这些小家伙们兴奋的脸庞和期待的眼神会有一种非常棒的感觉。现在轮到你来向他们介绍曲棍球了。

不过，所有的孩子都不一样。他们有的自信、有的羞怯，有的勤奋、有的不那么用功，有的极具天赋，有的稍逊一筹。每个人都有自己的个性，独特的资质，在希望、期待、情感和需求方面有着各自的发展历程。孩子们想要活跃起来、动起来、找到乐趣。尤其在一组人中间，他们能够融入同龄人并互相鼓舞。

曲棍球初学者最重要的行为榜样就是他的教练或训练员。他们会密切注意每一件事：教练或训练员是如何与他们说话的，是如何操控球棍的，以及是如何完成动作的。他们也很关注训练员是如何严格遵守规则和安全条例的。

在教和学的过程中年轻球员自身是最关键的因素。无论这个孩子有多年轻、初学的程度如何，都只会受自己的发展所左右，而非我们施加影响的对象。因此，要给予他足够针对自身发展的建议和机会。培养和运用年幼曲棍球初学者的独立性。从指挥慢慢转为启发。孩子们不是"必须"和"理应"，而是"能够"和"愿意"做一件事。

本书的价值

这本书的价值完全取决于你如何将它与教导结合起来。它主要针对的读者是初学曲棍球的孩子们。但是这本书也可以推荐给想要在这条道路上陪伴孩子的家长们。

本书关注的是孩子们的需求，旨在帮助他们能够在球场外也参与到曲棍球运动中。凭借书中的图片阐释和文字描述，孩子们能够获得相对完整的训练基础。

他将能够更好地理解你的解释和示范。在闲暇时，年轻球员们可以复习自己所学的内容，记录下目标和学习进程的情况，获得在家和与其他孩子一起训练的建议。这不仅有助于提高独立行动的能力，还能够加速学习进程。

孩子们会逐渐独立思考自身训练、学习、动作、行为，并最终对自身的表现进行监督和评估——这样一个良好的环境将得以形成。他们成为教练和训练员的好伙伴。我们也希望孩子能够喜欢参加训练，并且带着成就感回家。当然，这同样也会让训练课程对教练来说很有乐趣。

本书与训练

告诉孩子们，这本书在他们学习曲棍球的过程中会是他们的私人指南。给他们俱乐部的徽标并拍照片让他们能够贴在书中。这会增加他们对你、对球队和俱乐部的依恋。

帮助孩子们妥善地使用这本书。在刚开始的时候，与孩子们一起阅读书中的段落，并向他们解释该如何查看和理解其中的照片和插图。和年幼的球员们一起，共同记录目标、方案等等。这样一来，你会为他们的理解和独立训练提供关键的指向性的引导。

在本书的帮助下，你也可以为下一阶段的训练课程布置家庭作业。孩子们认真阅读主题并在下一阶段的课程中进行展示说明。

对于建议和补充，我们将一如既往表示欢迎。

我们祝愿你和你家的小球员们玩得开心和尽兴，当然，同时也早日取得运动生涯的成功。

照片和插图信息

封面设计：延斯·佛格桑，亚琛

插　　图：凯特琳·巴特

封面照片：沃尔夫冈·奎德瑙

内页照片：伯尼特·巴特，赫伯特·博尔沙伊德，www.direvi.de网站，
　　　　　沃尔夫冈·奎德瑙，乌尔力克·斯卢加

关于本书作者

凯特琳·巴特作为一名拥有资质证书的教师，有着多年的专业经验；而作为一名出版人，她出版了针对孩子们的《学习……》《训练……》运动类系列丛书。

卢兹·诺曼曾多年担任德国曲棍球协会的体育总监，现在则是德国体育协会科隆教练学会副会长。